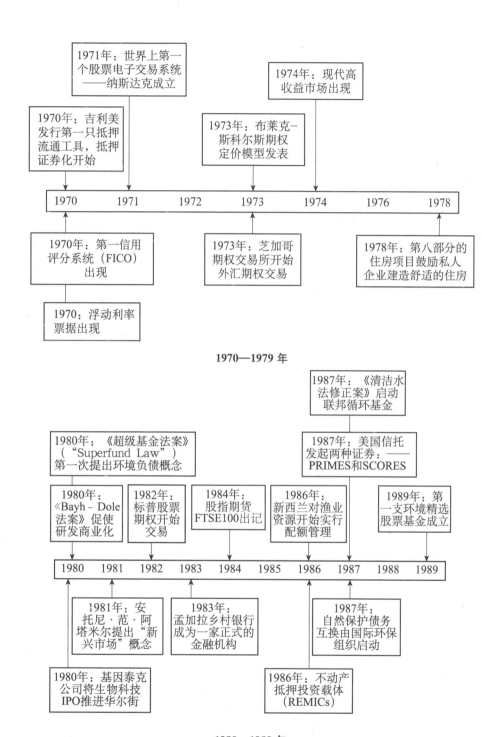

1971年：世界上第一个股票电子交易系统——纳斯达克成立

1974年：现代高收益市场出现

1970年：吉利美发行第一只抵押流通工具，抵押证券化开始

1973年：布莱克–斯科尔斯期权定价模型发表

| 1970 | 1971 | 1972 | 1973 | 1974 | 1976 | 1978 |

1970年：第一信用评分系统（FICO）出现

1973年：芝加哥期权交易所开始外汇期权交易

1978年：第八部分的住房项目鼓励私人企业建造舒适的住房

1970：浮动利率票据出现

1970—1979 年

1987年：《清洁水法修正案》启动联邦循环基金

1980年：《超级基金法案》（"Superfund Law"）第一次提出环境负债概念

1987年：美国信托发起两种证券：——PRIMES和SCORES

1980年：《Bayh–Dole法案》促使研发商业化

1982年：标普股票期权开始交易

1984年：股指期货FTSE100出记

1986年：新西兰对渔业资源开始实行配额管理

1989年：第一支环境精选股票基金成立

| 1980 | 1981 | 1982 | 1983 | 1984 | 1985 | 1986 | 1987 | 1988 | 1989 |

1981年：安托尼·范·阿塔米尔提出"新兴市场"概念

1983年：孟加拉乡村银行成为一家正式的金融机构

1987年：自然保护债务互换由国际环保组织启动

1980年：基因泰克公司将生物科技IPO推进华尔街

1986年：不动产抵押投资载体（REMICs）

1980—1989 年

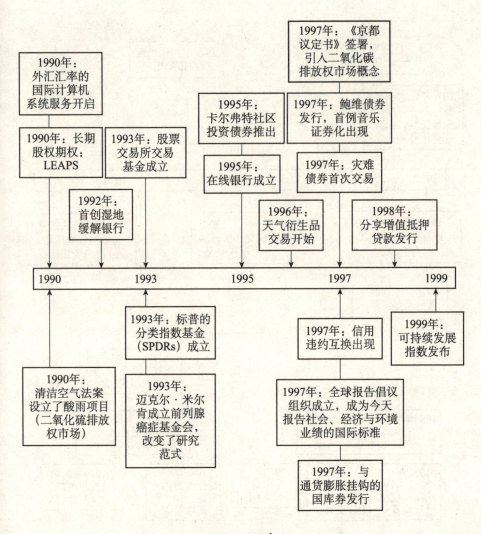

1990年：
外汇汇率的
国际计算机
系统服务开启

1990年：长期
股权期权：
LEAPS

1993年：股票
交易所交易
基金成立

1992年：
首创湿地
缓解银行

1995年：
卡尔弗特社区
投资债券推出

1995年：
在线银行成立

1996年：
天气衍生品
交易开始

1997年：《京都
议定书》签署，
引入二氧化碳
排放权市场概念

1997年：鲍维债券
发行，首例音乐
证券化出现

1997年：灾难
债券首次交易

1998年：
分享增值抵押
贷款发行

1990　　　　1993　　　　1995　　　　1997　　　　1999

1993年：标普的
分类指数基金
（SPDRs）成立

1997年：信用
违约互换出现

1999年：
可持续发展
指数发布

1990年：
清洁空气法案
设立了酸雨项目
（二氧化硫排放
权市场）

1993年：
迈克尔·米尔
肯成立前列腺
癌症基金会，
改变了研究
范式

1997年：全球报告倡议
组织成立，成为今天
报告社会、经济与环境
业绩的国际标准

1997年：与
通货膨胀挂钩的
国库券发行

1990—1999 年

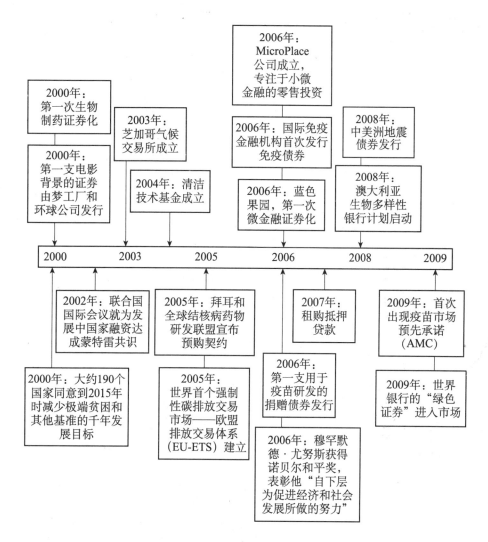

2006年：MicroPlace公司成立，专注于小微金融的零售投资

2000年：第一次生物制药证券化

2003年：芝加哥气候交易所成立

2006年：国际免疫金融机构首次发行免疫债券

2008年：中美洲地震债券发行

2000年：第一支电影背景的证券由梦工厂和环球公司发行

2004年：清洁技术基金成立

2006年：蓝色果园，第一次微金融证券化

2008年：澳大利亚生物多样性银行计划启动

2000　2003　2005　2006　2008　2009

2002年：联合国国际会议就为发展中国家融资达成蒙特雷共识

2005年：拜耳和全球结核病药物研发联盟宣布预购契约

2007年：租购抵押贷款

2009年：首次出现疫苗市场预先承诺（AMC）

2000年：大约190个国家同意到2015年时减少极端贫困和其他基准的千年发展目标

2005年：世界首个强制性碳排放交易市场——欧盟排放交易体系（EU-ETS）建立

2006年：第一支用于疫苗研发的捐赠债券发行

2009年：世界银行的"绿色证券"进入市场

2006年：穆罕默德·尤努斯获得诺贝尔和平奖，表彰他"自下层为促进经济和社会发展所做的努力"

2000—2009 年

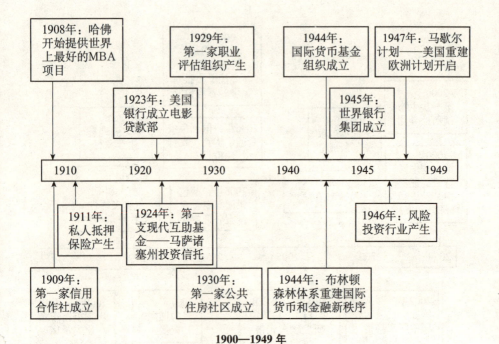

1900—1949 年

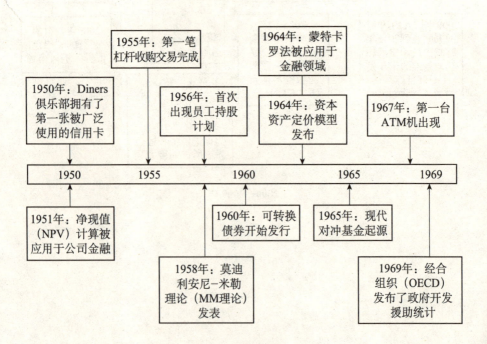

1950—1969 年

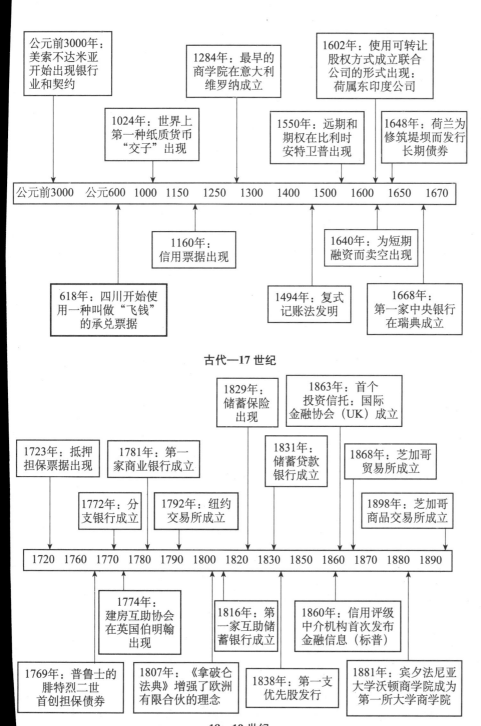

公元前3000年：美索不达米亚开始出现银行业和契约

1284年：最早的商学院在意大利维罗纳成立

1602年：使用可转让股权方式成立联合公司的形式出现：荷属东印度公司

1024年：世界上第一种纸质货币"交子"出现

1550年：远期和期权在比利时安特卫普出现

1648年：荷兰为修筑堤坝而发行长期债券

公元前3000　公元600　1000　1150　1250　1300　1400　1500　1600　1650　1670

1160年：信用票据出现

1640年：为短期融资而卖空出现

618年：四川开始使用一种叫做"飞钱"的承兑票据

1494年：复式记账法发明

1668年：第一家中央银行在瑞典成立

古代—17 世纪

1829年：储蓄保险出现

1863年：首个投资信托：国际金融协会（UK）成立

1723年：抵押担保票据出现

1781年：第一家商业银行成立

1831年：储蓄贷款银行成立

1868年：芝加哥贸易所成立

1772年：分支银行成立

1792年：纽约交易所成立

1898年：芝加哥商品交易所成立

1720　1760　1770　1780　1790　1800　1820　1830　1850　1860　1870　1880　1890

1774年：建房互助协会在英国伯明翰出现

1816年：第一家互助储蓄银行成立

1860年：信用评级中介机构首次发布金融信息（标普）

1769年：普鲁士的腓特烈二世首创担保债券

1807年：《拿破仑法典》增强了欧洲有限合伙的理念

1838年：第一支优先股发行

1881年：宾夕法尼亚大学沃顿商学院成为第一所大学商学院

18—19 世纪

FINANCING
THE FUTURE

Market-Based
Innovations for Growth

金融创新力

【美】 富兰克林·艾伦（Franklin Allen）
格伦·雅戈（Glenn Yago） ◎著

牛红军 ◎译

中国人民大学出版社
·北京·

译者序

富兰克林·艾伦是沃顿商学院经济与金融学著名教授。近几年，他在北京、上海等地进行学术交流，参加金融论坛，对我国房地产金融方面的热点问题发表过独到的见解。可以说，他已成为我国金融界同仁颇为熟悉的一位外国专家、学者。

他的《金融创新力》一书，从历史的视角出发，对金融的发展、金融思想和工具在各个产业领域的运用进行了详细论述。本书的目的在于从纷繁复杂的金融现象中理出一条主线，阐述金融学的基本理念和轮廓。正如艾伦教授在第一章中所言，"本书的目的在于剥离噪音，廓清金融创新的真谛。纵观历史，金融进步已经在不断地创造机会，民主金融也已取得进展，我们今天必须牢牢抓住这一机遇。如果能够负责任地开发出恰当的金融工具，金融创新将有能力帮助我们塑造一个持续的、繁荣美好的未来"。

总览全书，有以下几个优点值得提及：

一、历史视角。艾伦和雅戈按照历史的主线，梳理了金融领域发展的过程，以历史的方法和视角分析金融工具、金融机构、金融技术等方面的创新及其背景。他们以时间轴图的形式，标注了上至公元前3000年美索不达米亚的银行业与契约的出现，下至公元2009年世界银行的"绿色证券"的应用。不仅时间跨度大，而且地域跨度也很大，不仅有中世纪欧洲金融创新的历史史料，也提及了在中国公元618年四川出现的"飞钱"和1024年出现的世界上最早的纸币"交子"。在这一历史年谱中，几乎涵盖了人类历史前后5 000年所有重要的与金融有关的创新事件，包括工具、机构、技术方法等方面的创新。

二、将金融创新与特定行业或事件结合。艾伦和雅戈在讨论金融创新和发展时，并不是仅仅按照历史脉络采用流水式记载，他们把金融创新时间与特定的行业或事件结合起来，体现出金融创新为解决特定问题所作的贡献。比如，从第三章到第七章，分别讨论了企业金融、房地产金融、发展中国家金融、医药行业金融和环境保护金融等诸多问题。作者以翔实的例子分析了金融在解决诸多社会、经济、发展问题方面的独特作用和具体方法。很多实例令人耳目一新，拓展了我们用金融手段解决现实问题的视野。

三、抽象地总结出了金融的一般性。作者不仅分析具体事件，更注重对金融一般性的抽象总结。这一点在本书的第一章、第二章、第八章中都有很好的体现。在翻译本书的过程中，有一句话让我印象颇为深刻，作者认为"金融是一种社会结构，通过这种社会结构，人们界定各自的日常利益关系，并定义这种利益，通过市场管理和计量这种利益"。他强调，尽管科技的进步日益加快并变得纷繁复杂，但金融的本质和原理亘古不变。为了分析金融的核心本质，他们几乎分析了历史上所有的标志性金融事件。最后，总结出了金融创新的六大原则。这让我们有一种高屋建瓴的感觉，了解到了金融的核心与本质。

我对金融领域的了解并不深，也对艾伦和雅戈的力作不敢妄加评论，以上是在翻译、学习这本著作过程中的浅显体会。感觉在阅读和翻译本书的时候，自己开拓了视野，对金融的本质和创新有了更清晰的认识。不管是从事金融实务工作的人士，还是金融理论的研究者，阅读这本书都会有很大的收获。

本书在翻译过程中，得到了中国人民大学出版社曹沁颖女士的悉心帮助，没有她的帮助和鼓励，不会有本书今天的出版。由于水平有限，书中难免会有错误之处，恳请各位读者批评指正。

牛红军

目　录

1

金融发展

金融的核心在于，它是创业的催化剂和最有效的风险管理工具。当今，全球交易利用最新软件在瞬间完成，但金融的本质却亘古不变。

"金融创新与高铁技术的发展类似：最高时速取决于基础设施。"

——诺贝尔经济学奖获得者罗伯特·默顿
(Robert Merton)

那是一次巨大的风暴。从 2007 年开始，一系列极端事件动摇了全球金融体系，其带来的风险远远超越了银行家、金融界的政策制定者们的最初预估。短短一年时间，国际股票市场的下跌已经导致数万亿美元市值的蒸发。再加上楼市崩溃和接踵而来的经济大衰退，导致养老金系统瘫痪和家庭收支陷入困顿。

新闻标题中充斥着令人困惑不解的金融缩略词，如二级和三级的 CDOs，SIVs，CLOs 和 CDSs。在这些金融产品杠杆作用的诱惑下，许多金融公司不顾风险，疯狂投资这些非常复杂的金融产品。金融交易员不断对这些产品进行赌博性交易，致使一些公司的总裁也已很难把控不断膨胀的风险。当新闻媒体了解到这一情形后，也不禁为之一颤。

2007—2009 年的金融危机对全球资本市场来讲是罪有应得。仅在美国就大约有 9 万亿美元的资产曾被证券化。截至 2008 年秋，次级债已被重新构造为价值约 0.5 万亿美元的长期资本工具（通过 CDOs）和 1.2 万亿美元的短期货币市场工具（通过 ABCP 和 SIV）。这些工具由大约 800 亿美元的私人抵押保险和背负 2 万亿美元债务的债券发行人背书发行。整个金融系统希望借助价值 45 万亿美元的信用违约互换市场规避风险，却越陷越深。资产泡沫开始破灭，资产套现趋难，市场面临崩溃。[1]

华尔街充满着恐惧和厌恶，但几乎没人能够提供有价值的分析以区分真正的金融创新和那些暗藏不良资产的拙劣创新，这就使系统性风险非常容易继续加大。真正的金融创新是设计新的工具以增加估值的透明度并促进企业资本的筹集，但金融创新一旦被滥用（尤其在金融泡沫期间），资产定价将变得混乱。

本书的目的在于剥离这些噪音，廓清金融创新的真谛。纵观历史，金融进步已经在不断地创造机会，民主金融也已取得进展，我们今天必须牢牢抓住这一机遇。如果能够负责任地开发出恰当的金融工具，金融创新将可以帮助我们塑造一个持续的、繁荣美好的未来。

金融的核心在于，它是创业的催化剂和最有效的风险管理工具。如今，全球交易利用最新软件在瞬间完成，但金融的本质却亘古不变。

为了抓住金融的本质，我们有必要了解从金融萌芽期到越来越复杂的发展期的历史中的标志性事件，比如三千多年前古亚述、古巴比伦和古埃及第一次出现贷款，或者 14 世纪货票的最初使用。[2] 许多发展使得经济参与者更加民主化，比如消费信贷产生于 18 世纪（到 20 世纪早期，一些服装商以每周分期付款的方式大肆兜售自己的商品）。[3] 住房抵押贷款、股票交易市场的建立以及农业与小企业信贷和投资相继得到发展。

金融创新不但在土地、住房和企业所有权等方面得到广泛运用，在前几个世纪使得经济呈现出令人难以想象的繁荣，而且，现在正在开辟新路，迈向智力资产的估值。智力资产能够将新发现转化为新产业，极大地促进变革的发生。到 20 世纪 80 年代中期，诺贝尔奖获得者默顿·米勒（Merton Miller）说："过去 20 年金融机构和金融工具的变化，完全可以用'创新'一词来恰当地描述。"[4]

很多研究表明，消费金融和企业金融对经济增长具有积极而深远的影响。任何一个没有建立、健全金融机构和金融市场的国家，其经济很可能也难以发展。国际比较研究表明，市场化程度较高的国家经济发展速度较快，与最富裕国家的收入差距也较小。最新实证研究数据表明，新兴市场国家提供给私人部门的银行贷款占贷款总额的比例如果能够达到私人部门占 GDP 比例的两倍，那么 GDP 的年增长率就会上升大约 3%。如果证券市场的交易量增长一倍，GDP 大约就会增长 2%。[5]

在最佳状态下，金融能够权衡生产者、消费者、所有者、职业经理、雇员、投资者和债权人之间的利益关系。基于前文提及的风险，经济舞台上的这些演员各有所求，种种原因使得他们很难和谐相处。他们的冲突会导致经济受损、企业计划搁置、新技术和新思想凋敝，希望通过发展经济来解决的问题——稀缺性——将盛行。

金融带有一定的技术性，有时也带有些许艺术性，其目标是通过建立一种资本机构，增加组织内部各利益方的合作，减少冲突以达成共同的目标，不管这种组织是私人组织、公共组织、政府组织还是非营利组织。金融的目的就是处理各种交易的摩擦和风险，协调各方的利益关系。

一个公共或私人组织为了取得更大的生产和创新能力，往往会通过合理安排资本结构取得股权和债务融资。资本结构安排就是公司、农户、组织或项目通过债务、权益或者混合工具合理地分配义务的一种方式。这些运营和投资决策最终会影响公司所提供的产品或服务的价值。

现金流对于企业，就像氧气对于生命一样重要，它根据债权人、投资者和雇员等各方的要求进行分配。资本结构一方面决定着现金流的分配，一方面也在寻求现金流的增加。金融使得现金流的持续性得以优化，并为各利益相关者提供积极的反馈信息。金融体系起着"胡萝卜"和"大棒"的作用，促使企业得以维持和发展。

布拉德福德·康奈尔和艾伦·夏皮罗（Bradford Cornell and Alan Shapiro）已经证明，通过契约将投资者、经理层、雇员、客户、供应商、物流服务提供商等联系起来的金融创新和企业政策，有助于公司价值的提升。通过激励管理层和雇员来加强他们与投资人之外的利益相关者的关系，增加供应商和客户的信任，协调公共和私人的利益，也能增加企业的价值。[6]

通过创新可以解决信息不对称（某些市场参与者拥有信息，而另外一些市场参与者没有信息的情形，这会造成市场缺乏效率，交易成本过高）。信息不对称是金融领域的主要挑战，它增加了所有交易（尤其是和利率有关的交易）的不确定性风险。金融考虑了未披露信息（这些信息最终也许会被公开）所带来风险的成本。为了降低不同市场主体间的不对称性，企业现金流被分派、打包为金融产品，完成定价和交易。

金融绝不仅仅只是分配资本的一种方法。如果正确使用，金融将会推动社会、经济和环境进步，也会帮好的想法转化为新技术、新产业和新的工作机会。

克服资本进入的现有障碍，健全市场结构，是我们这个时代的挑战和机遇。如果能够利用金融方法仔细分析全球性的一系列危机——金融危机、环境危机、贫困危机、冲突后重建危机、房地产泡沫危机和疾病危机，我们就能够深刻理解这些危机，并将之成功化解。

金融语言

金融是真实市场里人们表达日常经济利益、定义这些利益、寻求计量和管理它们的方式，它是一种社会现象。在很多情况下，过去发明的金融术语直到今天依然被广泛使用，尽管科技越来越复杂，但事实上，金融背后的根本角色和很多年前相比，并无变化。

从最根本层面理解金融的一种方法是跟踪一个社会单元如何得以持续生存的例子，如图 1—1 所示。假想最基本的社会组织：家庭、农场、社区、企业、非营利组织或者项目。这些组织有共同的需求，即界定组织需要完成的任务，加强和巩固组织，让组织在不断变换的环境里寻求转型和生存，无论是处在增长时期、市场周期、生命周期还是自然灾害的情况下。金融提供了应对不确定环境或事项的方法，诸如发现退休、疾病、新技术、人口增加、未来大学教育等成本的手段。降低这些不确定事项的成本是金融发展史上的重要目标。

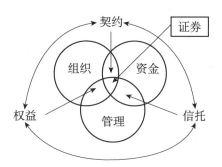

图 1—1　资本的社会结构

所有社会组织都需要结成利益共同体，为组织融资并管理其利益关系。所有农场都有劳动力和工作任务，都需要管理资源，都需要靠现金流维持自身生存。对于任何其他社会组织——公司、教堂、州政府、铁路和军队——也都一样。自从亚当·斯密的《道德情操论》在1759 年出版以来，对金融的理解一直致力于处理人与人之间的经济利益关系。

社区、家庭、农场、企业为了平衡竞争和冲突的关系，必须在达成共同目标的交易中建立持续的信任（trust）。作为一种道德情操和社会关系，信任充分体现于各种权利之中。信任作为一种法律概念，可以追溯到古罗马帝国时期。正是由于信任的出现，除了土地以外的财产所有权和管理权开始由君主授予、限制和获得。在中世纪时期的英国，当骑士们开始战斗或加入十字军东征时，他们将自己对土地和财产的所有权委托给教会或者主教，请后者在他们外出期间管理这些财产。保护家庭财产和防止国王干预的各项复杂法律规定最初都来自这些安排。英国的信托法是最重要的金融制度之一，对道德、法律和金融市场民主化都有很重要的意义。

在社会关系中，货币资源在家庭、机械设备和基础设施等需求中进行分配，这就需要某种契约（bond）处理社区或企业赖以生存所必需的各种经济资源。"契约"这一术语最早可以追溯到 14 世纪早期。随着该词在 16 世纪被编入英国法典，它被理解为某人需要支付一定金额的货币，《牛津英语辞典》在 1592 年第一次把它解释为"一份合同，该合同的一方订立人承认自己欠订立合同的另一方一笔钱"。"跟我去找公证人，"莎士比亚在《威尼斯商人》（*Merchant of Venice*）中写道，"密封好你的契约"。

17 世纪后，契约变成了信用支付（debentures）的同义词。公司和政府通过发行债券为从基础设施到战争的各种事务举债。

当资本资源被用以给企业长期发展融资时，所有者权益（ownership equity）就出现了。作为会计术语，权益是所有资产减去所有负债之后的剩余权利。权益的基本前提暗含着公平交易。通俗而直白地讲，权益就是企业赖以存在的基础。到 19 世纪，权益的概念包含了可辨认的要求权或者主张，比如，妻子为维持自己和孩子正常生活对所需财产提出的要求权，从一项信托中要求赎回自己财产的要求权等。最后，随着股票市场越来越普及，权益被看作公司资产减去负债后的股票权益或者剩余权益。在家庭、企业或任何生产性社会组织中，权益概念的确立是推动经济增长的重要因素。这一概念使得家庭、公司和产业通过社会合作创造价值成为现实。

通过一系列法律安排，这些概念变成了社会架构和法典条目，最终体现为证券（secutity）这一概念。当社会关系在家庭、企业和社区层面进一步强化契约、创造信任、产生权益时，结果是更大范围的证券化。

根据《牛津英语辞典》，第一次出现"证券"这一词语是在苏格兰枢密院（Scottish Privy Council）16 世纪的文件中，它的意思是取得一种法律认可的、承担法律义务的财产要求权或者其他权益。莎士比亚的《亨利四世》（*Henry IV*）中有这样的奇特描述："他说先生，你应当获得他更好的保证……他没有签署他的契约和你的契约，他没有具有法律意义的证券。"到 17 世纪，债权人为了保证手中的证券获得支付，要求用土地作为担保，后来担保物也可以是股票、存货或者其他形式的投资品。

通过几页字典式内容的介绍，不仅讲解了一些金融词语的起源，而且阐明了基本概念，这些概念帮助早期市场萌芽、发展。这些概念，即使在今天的金融领域，也仍在被使用。

什么是金融创新？

金融创新就是开发新的金融工具、技术、机构和市场。像其他技术一样，金融创新包括新的金融产品和服务的研发、检视、推广和应用。[7]

在金融领域，一些特别的创新涉及对现有金融产品和服务的改造和即时调整。这些改进最初可能是对产品的改进，比如衍生工具、高息公司债券、抵押证券等，也可能是对过程的改进，比如定价机制、交易平台以及债券分配的手段和方法等。这些工具通过增加流动性，使得对市场风险和企业风险的管理以及商品的买卖更加方便。

交易所衍生工具、信用衍生工具、换股、气候衍生工具、新型保险合同、交易所交易基金等新型投资管理产品，都属于金融创新。诸如此类的创新同样促进了一级市场和二级市场资本的有效配置，降低了交易成本。

正如诺贝尔奖获得者罗伯特·默顿（Robert Merton）所言，金融创新与高铁技术的发展有点类似：高铁的最高时速取决于道床和基础设施。[8]同样，白宫经济委员会主席拉里·萨默（Larry Summer）观察并说道："全球资本市场遇到的问题与喷气式飞机颇为相似。它们快捷、舒适，让你更好地到达你想到达的地方。但是坠机也更具灾难性。"[9]在金融行业，应对和管理风险的能力取得了快速的发展，利用新技术开发产品和服务、重构公司和行业、建立全新市场的能力同样发展得异常迅速。但是，对交易和定价风险的监管制度和市场架构没能紧跟上市场交易中光速般增长的信息、产品交易和定价。不断涌现的问题，要求我们不断探索金融创新。

我们将集中讨论以下金融创新问题：

● 新的产品和服务（如银行大额存单、认股权证、期货、期权、高收益债券、风险资本和证券化）

● 新技术和方法（如净现值、布莱克-斯科尔斯估计、资产定价）

● 新的组织形式（如新型银行、交易所、特殊目的工具、有限债务公司、私募股权投资和杠杆收购公司）

金融创新已经导致新的金融媒介（如风险资本家、私募股权公司），新型的金融工具（如抵押贷款、信用衍生工具）以及新型金融服务（如电子交易）的产生。这些创新正在尽其所能地战胜全球经济的各种风险。

金融的传统功能是将资金从富余领域调配到短缺和需求领域。金融创新需要具备这一基本功能，同时这也几乎是所有金融业务的基本要求。更好的金融创新在改善劳动效率和投资决策的同时，也鼓励更多的储蓄和投资。

简单而言，金融就是促进各种资本投入转化为生产的中间媒介。金融技术的强大力量便于各种资本的转化：真实资本（自然资源、土地、建筑物、机械设备、现金等诸如此类的投入）、人力资本（知识、智力、技能、智慧以及各种人力资源）和社会资本（人际社会网络、制度和传统）。

本书的各部分内容将论述有关金融创新的手段、方法和程序的共性问题。

- 什么在推动金融创新以及原因何在？
- 金融创新正面临哪些挑战？
- 金融创新采取何种形式（产品、服务、机构）？
- 创新给市场带来的风险是什么？

从历史上来看，某些时期资本需求的不断增长总会推动金融创新。一些结构性失衡的出现，往往需要新的工具来促进市场发展。

几个世纪以前，人口发展与贸易增长为金融创新提供了推动力，随之而来的一种机制使得商人将库存商品掉期。在古美索不达米亚、古埃及和古罗马时期，针对一些珍贵的产品，如橄榄油、葡萄酒和椰枣糖，已经开始进行产品产出之前的预售，这在当时是一种新的技术。在 18 世纪的日本，仓库业主将自己库存的大米存据出售，这种存据最终变成了一种可转手、标准化的可流通商品，最终变成了广泛意义上的期货合约。

到 19 世纪，小麦、玉米和家畜的远期合约在美国、欧洲市场正式形成。纵观这些发展，可以窥见金融发展过程中起推动作用的一些因素。

第一次金融创新：从资本到债权

在能够获取资本之前，资本就一直在创造财富，于是人们提出了资本是创造财富的重要因素的概念。在古代，商品交换可能是物物交换，也可能通过贵金属，如黄金、白银、青铜、铜或其他金属进行。在这些交换中，购销双方需要确认金属的重量和成色，这一情况广泛存在于公元前 1 世纪之初的美索不达米亚和埃及。

在古代社会中，有机会获得资本者仅限于统治者、神父、工匠和商人。前三类人普遍受人尊重，但商人的社会声誉较差，毕竟，他们没有真正创造财富，只是将商品从相对便宜的地方运到相对较贵的地方牟利。在古埃及和古美索不达米亚，大多数人都是农民，他们耕种着属于统治者的土地。对他们而言，财富意味着土地，而不是某种金属。财富的不断积累超出了他们的想象，这一点可以从庙宇和宫殿的修建上看出来，而其他地方几乎无法显现出这一变化。

然而，一个潜在的商人知道从价格低廉的地区购进货物，到价格较贵的地区销售，以获取利润。他们也许曾经是陶瓷制造者、盔甲制造者、纺织工或农场养牛者，然后，通过销售产品获得了很多贵金属锭，再后来是贵金属币。他们中的大部分都依赖自由资本。他们也许可以获得贷款，但由于资本极其缺乏而且风险较大，所以利率奇高。在公元前第一个千年的上半叶，美索不达米亚、埃及、欧洲南部的利率大多高于30%。交易成本的负担很重，能够成为商人就是巨大的成就。

货币制度的出现使得交易变得简化和标准化。货币制度最早大约在公元前 650 年形成于亚洲的丽迪亚（Lydia）。货币发行者保证金属币的重量和成色，但即便如此，他们也会遭遇不同程度的怀疑，因为金属币总是被仿冒。雅典人也有详细的货币制度，虽然他们不使用美索不达米亚的纸币、信贷、证券和合资制度。

在雅典和希腊的其他城市，货币兑换者最终成为小额贷款提供者和中间人。这些人借入资金，并将借入的资金以更高的利率贷给别人。严格来讲，他们还不是银行家，充其量只能算是贷款中间人。商人利用自己的声誉和货物作为担保，向这些人借入资金并从其他地方购买商品。他们也可以以一个特定的价格出售交货合同，收到预付款。当商人从外地购回货物后，便在市场上出售。如果价格高于他们的远期合同的价格，他们就能获利，否则将发生亏损。

下一次伟大的变化发生于亚历山大大帝时期，当时，20 岁的亚历山大统治着希腊北部的马其顿。在公元前 334 年，他带领 4 万人的军队，攻入亚洲，横扫波斯，掠夺了巨额财富。作为波斯战争唯一的胜利者，他获得了 180 000 泰伦（talent）① 的黄金和白银（折合今天的标准约 5 亿美元）。他即刻使用这些资金的大部分进行工程建设，尤其是修复庙宇和建造道路。同时也疏通灌溉渠道，建立航行船队。但也许最重要的是，大量资本储备进入货币流通领域，促进了未来贸易和工业的发展（这可以被称作古代版本的经济刺激方案）。最初显现的效应是利率降低，这刺激了经济活动。利率为 6％ 的商业贷款相当常见，尽管有些贷给城市市政的贷款利率略高。这就是由伟大的罗马帝国继承的传统，商人和银行

---

① 泰伦：一种重量或货币单位。——译者注

家在那时获得了很高的荣誉和成就。[10]

这个故事的寓意是什么？当交易成本下降，资本容易获得时，经济发展就会加速，更大的繁荣就会来临。缺乏这些条件，经济就会下滑，生活水平就会下降。[11]

创新时代的金融创新

西班牙、葡萄牙和法国野心勃勃的统治者发起的探险远航得到了税收、矿业和贷款的资助。从本质上来讲，这些远航是纯粹的商业活动，他们希冀从远航中获得商业利润。

在君主统治的英国，君主课税的权力受到大英宪法和其他民法的限制，所以英国当时在欧洲算是相对比较贫穷的国家。贵族们对粗鲁的商业行为不感兴趣，他们中的一些人比较富有。英国没有庞大且不断增长的，带有古老商业意图和富于商业冒险精神的商人阶层。但如果英国的君主参与了大规模的殖民竞赛，他们也会发现其他获取资本的途径。

途径之一就是彻头彻尾的盗窃。伊丽莎白女王解开了"海狗"的链锁，让他们盗劫从南非和中非满载财富而归的西班牙船队。另一途径就是在新世界（the New World）颁发许可，让君主和商人成立联合公司。

在16世纪，皇室授权成立了几家贸易公司。这些公司的股权向所有人开放，只要有钱就可以购买。最初，这些公司会组织一次航海计划或活动，在完成既定任务之后便解散。但是，到16世纪末期，它们的所有者变成了长期合伙人，不再解散。第一家这样的公司是Muscovy公司，它在成立后的几百年间一直垄断着与俄国的贸易。几十年后，与土耳其开展贸易的Levant公司成立，与北非开展贸易的Barbary公司宣告成立。[12]

东印度公司绝对是所有联合公司中最重要的一家，于 1600 年获得皇家授权许可，获得英国在好望角和麦哲伦海峡之间贸易的独占权。到 1610 年，该公司已拥有 10 艘轮船，在东方与英国之间从事香料和织物的海上运输。商人们因此获得了可观的利润，国家征税颇丰，同时也改变了统治者单纯依靠国会获得资金的情形。后来，联合公司因在北美和其他洲建立了许多英属殖民地而被载入史册。

联合出资的想法在整个 17、18 和 19 世纪一直很流行，这主要可归因于自愿出资、利润共享和风险共担的机制。

金融资本主义的兴起

17 世纪全球贸易的猛增带来了新的金融创新。《威斯特伐利亚和约》（*the Treaty of Westphalia*）（1648）结束了血腥而漫长的三十年战争（Thirty Years' War），神圣的罗马帝国自此四分五裂为 300 多个自治政治体，这些政治体本身的运行需要资金，希望恢复经济发展的企业也需要资金。

在三十年战争的混乱时期，荷兰建立并拥有了一支兴盛的商船队伍，并通过波罗的海、俄国和东印度、西印度之间的远洋贸易获得资金，维持贸易霸权地位。这些富有的商人建立了联合支付系统，依托该系统发行可流通的贸易收据，从而减少现金的使用。阿姆斯特丹作为当时欧洲的商业信用中心，依赖票据在荷兰境内的可流通性和可兑换性使得信用范围得到扩张。这是现代公共金融的黎明，随之而来的是为了达到特定目的、由税收担保的债务工具的出现。使用债务工具的特殊目的有围海筑堤工程、建造大型远洋贸易商船等。同样在英国，为解决资本需求而产生了股份公司（joint stock company），进而产生了世界上最早的证券交易市场。[13]

荷兰、英国和法国建立了相同的金融架构——商业银行、货币市场以及为私人信贷和公共金融服务的信息网络。每个国家都不断取得新的运输能力、通信能力和储藏能力，为远洋贸易、工业发展和军事扩张提供资金已经成为必然。

然而，英国最终重新修改了游戏规则。到 18 世纪初，该国不仅仅依赖于金融制度，而是依赖于金融制度和金融市场。整个 18 世纪和 19 世纪早期，英国卷入了一系列战争，为战争筹集资金的活动促进了金融创新。彼得·迪克森（Peter Dickson）认为，虽然英国人口在当时不及法国人口的三分之一，但在一个多世纪来的对法战争中却总是取胜，其重要因素是英国人通过负债为政府融资的能力很强。[14]稳固的英国体系对股票及其发展保持着一定灵活性，而在欧洲的其他国家，对融资人和信贷机构的依赖阻碍着金融市场的发展。资本市场的无效，导致过度的波动性歪曲了资产的价格。资本被用来保持利率水平合理，而非使得新兴和有效生产者获得资金。大部分欧洲国家的支付系统和货币管理机构受各种政治变化的影响，而英国的资本市场促进了效率和效果。

到 19 世纪初，铁路、钢铁和煤成为新工业经济的支柱产业。经济和市场一体化的结果增加了对资本的需求。尤其是铁路建设，需要巨额的外部融资和大量劳动力。就在这时，出现了权益工具证券和债务工具证券，从普通股和优先股，到各种和收益挂钩的债务工具和设备信托工具。

最近，尤其是第二次世界大战以后，公募资本和 IPO 市场的急剧增长为大规模制造业和巨大的消费市场提供了资金支持，从航空业、汽车业到娱乐业都得到了发展。驱动美国 20 世纪经济大发展的汽车、橡胶和石油产业群需要巨额的资本投入。

20 世纪 70 年代，通货膨胀冲击美国，在这一背景下，利率衍生工具出现了。这些工具让其所有者有权以特定的利率获得一定金额的现金，直到今天，世界上仍有 80％的大公司用此工具控制现金流。[15]到 80 年代初期，工业厂商发现，由于缺乏套汇机制，汇率变化常常会抵消价格优势。这种情况能够而且也的确造成了发展中国家的公司破产危机和政府债务危机。利率衍生工具作为一种"新"资产，具备按照给定的利率支付或收取一定金额的货币的功能。利率衍生工具市场是当今世界上最大的市场，估计交易金额超过 60 万亿美元。

大约在同一时期，不断增长的经济和新兴产业几乎无法从其他地方获得资金支持，为了解决这一问题，金融界试图开发一种长期的、固定利率的工具，高收益的公司债券因此产生。70 年代银行贷款利率的急剧上升一直影响着很多公司，同时，银行不愿意把钱借给那些从未来现金流来看具有高成长潜力，但是账面资产价值不理想的公司，这种新兴公司债券工具的出现，对这些公司尤其有用。很多著名公司的发展得益于长期公司债券，诸如 News Corporation，Barnes & Noble，Turner Broadcasting，Time Warner，McCaw Cellular（后来成为 AT&T Wireless），Cablevision 等。

在 70 年代，住房需求猛增，导致政府无法满足房贷的过度需求，此刻，住房抵押贷款证券出现。的确，过度复杂化和杠杆化使得经济泡沫更加厉害，但数十年来抵押贷款证券运行平稳。抵押市场的发展拓宽了融资渠道，提供了更大的流动性，这是金融发展史上的里程碑。

为寻求应对价格不稳定和风险的新策略，市场从来都没有停止过追求创新。本书的后续章节将详细分析当前使用的一些金融概念，如房地产金融、环境金融、医疗金融以及其他社会问题的金融。

金融创新的主要标志

新的金融结构正常运行需要具备很多条件，具体包括信息透明、产品标准化、完善的交易系统和价格发现机制。这对于降低信息不对称必不可少，也有助于市场参与者合理定价和规避风险。正如交通运输需要畅通的公路一样，金融创新取得成功也需要畅通的信息公路。[16]

商品和证券的标准化

商品和证券的标准化可以降低交易成本，增加市场的可靠度。对证券进行定价的前提是计量、监督和管理各种证券的相关数据。要想正确定价，标准化是问题的关键。确定相关资产，不管是一蒲式耳的玉米，还是利率。标准化、审计和信息管理确保交易的透明性。标准化涉及交割方式（现金或实物）、合约数量、交易货币、等级（商品类型或证券类别）和交易时间（交易日、到期日和交割日等）。标准化的过程就是建立大家可以普遍接受的计价规则，并允许某种程度的变通。必须克服利益冲突，协调计价标准，以便获得准确估价。

产权保障制度

产权是使得金融创新和市场交易成为可能的重要基石之一。运营、交易和商品化所创造的现金流可以增加所有者的权益。产权注册和保护——不论是一块土地还是一项知识产权——对于推动资本的有效利用必不可少。在经济交易中恰当界定资本权益（proprietary interests）的能力，曾被赫尔南多·德·萨托（Hernando de Soto）恰当地描述为"资本的神秘"（the mystery of capital）。[17]其他债务融资手段同样必须得到界定和保护，以实现业务创新的目标。有形的所有权者利益为个人创新提供了实实在在的手段和激励。

交易所

交易所的产生为储蓄转化为投资提供了渠道。资本需求不断增长的公司不分红而进行再投资的行为吸引了那些追求高利润的投资者，于是通过长期投资获益的愿望出现了。早期的交易所主要交易汇票、支票、本票或其他金融工具。从对票据的交易，很快发展到对复杂的证券品种的交易，这一快速发展与外部融资的结构性需求对新市场、技术和调整的适应有关。金融交易创新实现了标准化，并通过支付保证金进行融资。

期货、期权和远期市场

期货是标准化合约，该合约承诺在将来某一特定时间交货，以某一特定价格买入或者卖出特定质量的商品。商品交易市场的交易者可以利用期货合约对猪肉进行掉期交易，航空公司可以利用期货合约对石油价格进行套期交易。期货交易已经正常开展了数个世纪，事实上，它在公元前6世纪亚里士多德提及的米利都的泰勒斯（Thales of Miletus）的故事中便出现过了。[18]泰勒斯凭借对地理和天气的预测技术摆脱了贫困。当他预测到橄榄将大丰收时，筹集资金购买橄榄榨油机，日后出售赚取利润。

期货交易在买、卖双方组成的交易所完成，保证他们的合约会被履行。交易所监督买卖双方的信用状况，处理供需信息，提供市场稳定性。

期货交易是标准化的，而远期交易和期权交易则因交易对手的变化而变化，因此很少在交易所开展。（远期市场通常是指签订和执行合约的非正式市场。）当市场参与者就目前市场交易的商品、服务等达成未来交易义务时，非正式交易市场便形成了。随之，远期交易的执行价格也就形成了。

在这些市场的发展过程中，产品标准化有利于衡量价格变化、形成竞争价格，使得现金市场出现并形成了各种形式的远期合约。合约设计只有遵循法律和税收的要求，才能进行交易。

场外交易市场

为了控制金融风险，需要个性化的交易方案，这导致了场外交易市场（Over-the-Counter Markets，OTC 市场）的出现。如果标准化交易的期权无法满足需要，企业可以根据自己的需要设计更加符合自己要求的合同及更加稳定的交易价格。例如，公司在安排未来生产计划时，也许需要对未来很长一段时间内的外币收入现金流进行套期保值。在双边OTC 合约（比如公司债券）中，交易双方会就未来交割的方式达成一致。虽然交易工具是标准化合约，但交易期权却是为特定风险而设计的。期权交易的价格发现对于期权的定价非常重要。银行、投行、保险公司、大公司以及市场中的其他主体都参与 OTC 市场。远期和掉期是 OTC 市场的主要交易品种，由于没有期货，因此针对这些客户定制的交易工具的保险和风险管理非常重要。

金融创新导致危机了吗？

许多房地产行业的评论员认为，房地产金融的大量创新是造成房地产危机的重要原因。尽管向没有偿还能力的人提供按揭贷款加速了房地产业的崩盘，但我们认为，这不是根本原因。显然，造成这场危机的原因有很多。[19]哪一个是重要原因呢？对此问题，人们的分歧很大。比如，许多人认为，是道德风险导致金融机构过度承担风险从而引发危机。我们认为这是重要的因素，未来金融创新需要更好地协调它们之间的利益以防范道德风险。但我们认为，货币超发引发的地产价格泡沫是危机产生的根本原因。

卡门·莱因哈特和肯尼思·罗格夫（Carmen Reinhart and Kenneth Rogoff）也认为，房地产价格的过度泡沫是危机的罪魁祸首。[20]他们分析了1891—2008年美国房地产的真实价格，发现直到21世纪初期，美国房地产价格一直非常稳定，但之后出现飞涨，到2006年又开始急剧下跌。在1996—2006年这十年间，美国房地产的实际价格上涨了大约92％，这是1891—1996年期间上涨率27％的三倍多。泡沫破裂时，首先影响的是次级贷款，然后会逐渐波及整个金融体系的其他方方面面。

美国并非制造房地产泡沫的唯一国家。另外还有西班牙和爱尔兰，它们的经济同样受到地产泡沫的冲击。有趣的是，在这两个国家，金融创新都不是造成危机的主要原因。在西班牙，房地产按揭贷款要求最低首付20％，即按揭成数最多为8成。[21]在爱尔兰，泡沫期间使用的主要金融创新只有按揭期限的延长。[22]然而，这两个国家却经历着比美国更为严重的经济危机。虽然，西班牙的主要商业银行（如 Santander 和

BBVA）成功地化解了这场危机，比国际同行表现得更好，但这场危机的影响一直在持续。

约翰·泰勒（John Taylor）将美国、西班牙和爱尔兰的房地产泡沫价格和宽松货币政策进行了相关分析。他认为，如果从 20 世纪 80 年代开始，直至"大缓和"（Great Moderation）时期结束，美联储一直沿用原来的货币政策，美国经济的状况会有所不同。[23]他的模拟分析表明，如果沿用原来的货币政策，美国房价的泡沫将会小一些。美联储在 2003—2004 年间的利率为 1%，虽然西班牙的利率从未达到如此低的水平，但即使在考虑同期的通胀和其他因素后，其货币政策仍然非常宽松。的确，在欧元区，西班牙的货币政策最宽松，房地产泡沫也最严重。爱尔兰的情况也大抵如此。

在美国房地产价格达到顶峰时，次级按揭贷款规模的持续增长加速了泡沫的破裂，对经济造成了重大影响。由于许多次级贷款的借款人几乎没有偿还能力，房价一开始下跌，就会引起他们贷款违约率的上升，引发货币市场的连锁反应。考虑一下那些金融创新较少的国家会发生什么？即使没有发放次级按揭贷款，危机照样会发生。莱因哈特和罗格夫援引了一些例子，房地产泡沫引发银行危机的事情先后发生在 1997 年的西班牙、1987 的挪威、1991 年的挪威和瑞典、1992 年的日本以及 1997 年的许多亚洲国家。在这些事例中，无一例外都是房地产价格的破裂导致了银行业危机。[24]

近几年抵押按揭贷款市场的许多金融创新旨在提高低收入、低资产人群的购房率，事实上，该政策在很多方面都是受到欢迎的。但是，这些创新产品严重依赖于一个特定假设，即房价的持续上涨。只要这一假设条件成立，个人次级按揭贷款就能得到偿还，抑或在出现问题时通过售出房地产而偿还贷款。看看以前，尽管也存在一定程度的房地产泡沫，但从来没有像现在这么厉害。一些经济观察家，如经济学家努里埃尔·鲁比尼（Nouriel Roubini）就曾对此发出警告。《经济学人》杂志在 2005 年中期所做的一个分析同样警告："看起来这是历史上最大的泡沫！"[25] 尽管如此，美联储（银行的监管者）和其他市场参与者依然忽略这些信号。然而，那些意识到市场泡沫和投资机会的聪明人，获得了非常惊人的回报。例如，对冲基金经理约翰·保尔森（John Paulson）在 2007 年利用房价下跌的机会做空，获得了 37 亿美元的回报。[26]

这一时期开发的许多衍生抵押产品显然都在欺骗市场，甚至毫无糖衣包裹。但糟糕的是，利用使产品复杂化的做法愚弄市场、进行创新的做法几乎没有受到任何限制。市场上，许多产品，从汽车租赁到手机，供应商都极尽欺骗之能事。哈维尔·贾巴克斯和戴维·莱伯森（Xavier Gabaix and David Laibson）已经讲述了这些欺骗是如何发生的，甚至在竞争市场中也是如此。[27]

本书主要讨论金融创新带来的诸多优点，但这并不是说金融创新绝对完美。一些所谓的"创新"，尤其那些为了复杂化而复杂化，旨在愚弄市场的"创新"，并不受欢迎。然而，这些异化行为并不能掩盖金融创新在过去取得的成绩以及未来的发展潜力。这些异化行为的存在反而鼓励了金融行业进行新工具的安全测试、风险管理和增加透明度。

造成当前危机的主要原因可以归结为：复杂并不等同于创新，借贷并不等同于信用。阳光下的新事物并不都是自发创新。与我们对金融词汇的讨论一样，权益的出现代表了各种组织的真实价值，比如企业、政府、社区等。信用也植根于事情的真实与可靠。资本市场和金融方面的真正创新将会使得对信用的估值和股权的交易变得成本更低，速度更快。

然而，最近几年，由于金融新产品日趋复杂，金融工具过度使用杠杆，信用经常被用来投机，而不是改善估值和提高效率。许多小题大做的金融产品仅仅是为了使产品差异化并有助于销售，有些则被过度杠杆化，甚至故意设计成结构复杂且不透明的形式。最近的金融危机生动地说明，过度复杂是透明的敌人，最终会妨碍金融体系运行的效率。

随着银行、保险、证券、期货和其他衍生品市场的出现，金融的优势与劣势表现得愈发明显。像在其他领域一样，金融创新也具自发性、破坏性和非线性。尽管金融创新已经延伸到很多领域并且未来潜力无限，但金融增长还不够快速，也很不均衡。即使金融市场足够发达，足够完善，发生危机的风险依然存在。而且这种风险会随着全球错综复杂的金融网络的形成而不断增大。

但是，风险管理是金融创新的基础部分，想要控制全球性的风险将需要更大的创新和突破。所有目标都是为了降低资金的成本，同时控制系统性风险，以防止很多企业、金融机构、中介结构在不具备足够信息的情况下进行交易而导致经营失败。[28]

想要深入分析最近的金融危机，拨开令人眩晕的乱象至关重要。我们相信，金融创新是治疗危机的良药，而不是导致它的原因。

利用金融管理风险并使资本民主化

所有类型的组织都有风险，并且大部分风险很难量化。金融帮助我们更好地理解风险，提供化解风险的制度框架，并将风险与资本市场联系起来。

正如罗伯特·希勒（Robert Shiller）所言，许多金融创新都来自尝试避险的努力。随着 17 世纪国际贸易的不断发展，人们开始认识到概率理论，随之发明了针对各种风险的保险精算表。最初，只能投保为数不多的几个险种，比如意外身故险、海运沉船险和火险等。逐渐地，保险扩展至意外伤残险、洪水险和意外事故险等。今天，金融创新正不断扩大其在风险管理领域的应用，它被用于防范很多新型的风险，比如收入失衡风险。[29]

管理公司内部的复杂风险需要将金融与会计、公司战略和行业组织等结合起来。公司资本结构可以反映并执行这种战略。计量和监管风险的这种能力随着信息技术的发展而得到增强，最近出现的一些金融创新用来管理刚刚出现的风险因素。通信技术和数据处理能力对金融创新起到了变革性的积极作用。

金融创新与信息技术的相互作用，对降低信息不对称和提高对风险的定价能力将会发挥深远而积极的影响。贷款人为了判断借款人的信用水平，投资者为了监督投资业绩，都在进行基础的信用分析和评分工作，为规避逆向选择和道德风险铺平道路。基于大数据管理的估值方法而创新的信贷产品和投资产品，已经能够解决资产定价的问题。金融信息技术的突破改进了市场风险的估价方法和投资组合的合理性。

基本面分析是对公司（或项目）的财务状况、管理水平和竞争优势进行客观评估。评估过程包括对产品生产、配送服务、管理过程、利率水平、盈利能力等方面的仔细考察。对公司或项目评估的基础是对它们的业绩水平和信用风险的计算，而这恰恰和金融有很大的关系。

金融工具历来都以反映、计量和监督价值为基础。估值手段和方法的最新改进以克服价格发现过程中的信息障碍为核心，这也正是金融创新的主要目标。和估值有关的事项可以转化为权益、债务或者二者的混合，可使用的方法都在内部和外部金融方法的范围之内。将储蓄转化为投资是金融的核心所在，这些方式使得这两者之间的转换成为可能。

金融创新的意义在于，金融的广泛使用可以提高生产效率，解决经济、社会和环境问题，从而创造工作机会，改善生活质量。金融创新通过协调利益实现减少贫穷（通过小微金融和影响投资）、创业增长（通过小企业融资）、缓解环境问题（通过排放权市场和可转让渔业配额）、改善医疗（通过新的战略金融支持研发项目）的目的。和经济的整体目标一样，金融的目标是通过发展来解决稀缺性问题。

最近的经济危机不能阻止金融创新的发展。相反，寻求新的解决方法的渴望从未如此强烈。创新将为重构一套更为稳健的制度和工具奠定基础，最终使得各国广泛地参与到全球经济的可持续发展中。

本书将通过研究历史，分析最新案例，探求金融创新如何让更多人获得金融红利，如何增加获得资本的途径和机会。

2

金融创新框架：资本结构

一家公司应当如何选取最佳的债权融资和股权融资比例？

　　这部分内容并不是被用来当做专业指南或教科书的，而是关于形成现代金融基础理论的一个根本前提。这对于那些渴望寻求数字背后正规介绍的读者来说是个很不错的起点。然而对大多数读者来说，他们可能更想直接跳跃到后面的章节中去，那是关于金融技术在现实生活中应用的内容。

　　1958 年，弗兰科·莫迪利安尼（Franco Modigliani）和默顿·米勒发表了他们的著名论文——《资本结构与公司总价值的无关性》。这篇论文的发表掀起了一场关于公司融资的革命。[1]他们最大的贡献就在于为一家公司的债务、股票或其他类型的有价证券提供了一个清晰的概念性框架的抉择。在一个完美、完整并且无税的资本市场中，这样的抉择是无关紧要的。

　　尽管这个"无关性主张"是最经常从莫迪利安尼和米勒论文中被引用的内容，但其潜在价值却更加微妙。因为我们并不是在一个理想的世界中运转，资本市场并非完美，并且税收成为影响公司资本结构决策中至关重要的一点。MM 理论以及其他金融理论的重大突破阐明了资本结构是何时、为何以及如何起作用的。莫迪利安尼和米勒的抽象市场理论中不包含创新的动力。通过手中的有价证券可以做任何事。正是由于这一实际中的不完美——真实市场模糊的边界——引领了这一金融创新。

　　为了给金融创新在实际应用中的基本原理做好铺垫，我们以概览莫迪利安尼和米勒的结论作为开始。继而我们会介绍一些使创新变得可行的基础工具，包括资本资产定价模型、布莱克-斯科尔斯期权定价公式、蒙特卡罗模型技术。它们聚集起来就形成了一个工具箱，可以用于解决书中随后描述的各类改革创新。这些先进的金融理论已经被应用到实践中，在资本结构中为金融公司和科研项目提供新的灵活性。最厉害的是，这些工具可以改造，并重组和重设整个经济领域。

这些模型价值的不确定性因素使他们的关联性在这样一个以知识为基础的经济中得以增强。[2]对于是否处理娱乐业、生物业、医药业的知识产权，本章中介绍的模型可以解释在完成项目中的成本和现金流量的不确定性，以及金融创新对公司和真实经济产出的影响。金融技术的进步已使信息处理过程获得了更新的能力，从而使外部资金花费得以削减。这些成本更低的资本使得金融创新战胜了摩擦、不完美的市场及市场偶然的失误，增强了金融市场的波动性，从而为真实的经济注入了动力并稳定了商业周期。[3]

应用所有这些模型都需要对一家公司或项目以及它们与所在市场之间的关系有很广泛的理解，因为它们从一家公司的财务报告、现金流量状况，或者对其项目、市场、竞争优势、管理、生产力的基础分析中获取数据。嵌入公司的领导、战略及结构中的金融资本和人力资本间的关联是关键所在。金融产品备受瞩目的失败和金融危机不断地提醒我们，即使是优秀的模型也会因为不佳的数据输入而失效（就像人们说的，"无用的输入等同于无用的输出"）。信息的不对称、代理成本、道德风险、逆向选择以及其他潜在的金融经济中的概念有助于我们了解在宏观环境中一家公司是如何以及为何产生危机的。

这个章节中描述的是由原创思想家们提出的，获得了诺贝尔奖的许多突破性公式及应用（包括莫迪利安尼、米勒、马克维茨、夏普、默顿、斯科尔斯及其他人的理论）。他们共同将理论联系到新公司政策、战略以及资本结构并为从业者们驱动金融创新创建了框架。[4]

莫迪利安尼-米勒定理：资本结构主张

从历史的角度看，公司进行融资活动主要借助两种工具：股票和债券。股票的持有者（股东）通过选举董事会成员对公司的运营负责。作为对公司资本捐助的回报，股东会获得由董事会决定并且数量不定的股息。相比之下，债务的持有者（债券持有人）则被许诺获得固定的回报率。他们没有控制的权力，除非公司许诺的回报并未实现，他们可强迫公司进入破产程序。

公司对资本结构的选择长久以来一直围绕着"最佳的负债股权比率是多少？"这样一个问题，这也是莫迪利安尼和米勒论文的关注点。为了理解他们的基本观点，我们以虚构的正在对资本结构进行重组的 FI 公司为例。[5]FI 公司不需要缴税，并且处于完美的资本市场中。除其他事务外，这意味着市场很少有摩擦——没有交易成本，每个个体都可以以相同的比率借贷。

FI 公司的财务状况如下：

股份数量	100
每股价格	＄20
股票市值	＄2 000
债券市值	＄0

公司目前没有负债，并且所有的营业收入都被用来支付股东的股息。

公司的最终结果由它的运营业绩所决定。由公司的营业收入可以判断公司价值的所有可能性。为方便起见，我们考虑三种结果：不佳、中等、良好（见表 2—1）。

表 2—1

	情况 1 不佳	情况 2 中等	情况 3 良好
营业收入	$100	$250	$300
每股收益	$1	$2.5	$3
股本回报率	5%	12.5%	15%

当营业收入是 100 美元时，每股收益为 100/100＝1（美元）（因为有 100 股）。股票价格是每股 20 美元，则股本回报率为 $1/ $20＝5%，其他情况下的营业收入、每股收益和股本回报率也采用相同的算法。

为了使一切都尽可能简单，对所有可能的方案，我们假设在可预见的未来每年的营业收入都相等。凑巧的是，这家公司的董事长和首席执行官都是莫迪利安尼先生。他经考虑得出，倘若公司发行一些债券，股东会获得更多收益。他是这样推理的：假设公司发行 1 000 美元的债券，其无风险利率为 10%，随后用获得的收益回购 50 股股票（留 50 股作为流通股）。债券可以展期，所以不需要用利润偿还债务。

三种不同方案支付给股东的股息如下（见表 2—2）：

表 2—2

	情况 1 不佳	情况 2 中等	情况 3 良好
营业收入	$100	$250	$300
利润	$100	$100	$100
股权收益	$0	$150	$200
每股收益	$0	$3	$4
股本回报率	0%	15%	20%
债权收益率	10%	10%	10%

与没有债务的情形相比，现在公司必须支付 1 000 美元债务的利息

100 美元，当计算股权收益时，这部分是必须从营业收入中扣除的。例如，情况 2 中股权收益为 250－100＝150（美元），因为现在有 50 股流通股，每股收益为 150/50＝3（美元）。股本回报率为 3/20＝15％。由于公司支付全部利息，债券的回报为 10％。其他方案的计算方法类似。我们可以将现状（所有资本都来自股票，不发行债券）和莫迪利安尼发行1 000 美元债务的主张进行比较。

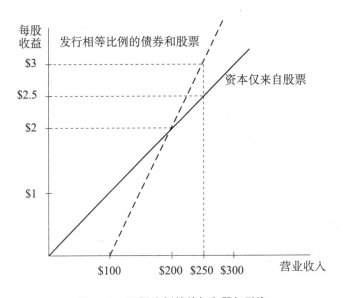

图 2—1　不同比例的债权和股权融资

　　莫迪利安尼提出的方案的杠杆效应取决于公司的营业收入。如果营业收入大于 200 美元，杠杆效应会导致每股收益增加，使股东收益更多。如果营业收入少于 200 美元，杠杆效应则会导致每股收益减少。因此，资本结构的选择取决于营业收入的水平。图 2—1 显示，平均营业收入为 250 美元。

　　由于这个数值在临界水平 200 美元之上，莫迪利安尼的方案可以让股东们在债权形式的资本结构中受益更多。就在这时，公司刚刚聘请了一位年轻总裁。她的名字恰巧是米勒。她指出，莫迪利安尼先生的分析忽略了股东可能自己借款购买股票的可能性。例如，假设一个人借了 20 美元，随后用总共 40 美元购买了两股 FI 公司的股票，那这个人只需提供 20 美元自己的钱。这项投资的报酬如下（见表 2—3）：

表 2—3

	情况 1 不佳	情况 2 中等	情况 3 良好
两支股票的收益	$2	$5	$6
减去 20 美元借款的 10% 的利息	$2	$2	$2
投资净收益	$0	$3	$4
投入 20 美元的回报率	0%	15%	20%

投资者借款 20 美元并购买两股股票所获得的回报和购买有 1 000 美元债权融资的公司的一股股票所获得的回报相同。因此，一个有负债的公司股票需要卖到（2×20－20＝20（美元））。如果公司继续借款，则投资人将更加无法继续他们的活动；因此，这个举动并不能使公司增值。这是在莫迪利安尼和米勒的命题一背后的想法。

莫迪利安尼-米勒的命题一

在完美资本市场和无赋税的环境中，一家公司的总值（指债券和股票之和）和它的资本结构是互相独立的。因此，莫迪利安尼和米勒提出，在完美资本市场和无赋税的环境中，资本结构无关紧要。一个人不能通过借款或贷款创造价值。任何有价证券的组合都会和别的组合一样好；公司的价值并不受到资本结构不同选择的影响。原因是什么呢？这是由于在本质上，个人可以实施或撤销公司对其自身所做的任何事。这是一个极其有力的论据。[6]

我们在 FI 公司的例子中阐述了这一点，但是它在很多其他地方同样有效。就如米勒曾经解释过的，"一家公司就像一张巨大的比萨饼，它象征着潜在的盈利能力。你无法通过把比萨切成许多块来增值——同理，债券和股票等有价证券也是如此。"

就此结果而言，无赋税和完美资本市场的假设是至关重要的。倘若个人和公司被征收的税不同（就是说，假设利润可从公司中扣除，而不是从个体中扣除），那么结果就会不同。完美资本市场的假设保证了个人可以以与公司相同的 10% 的利率借到款。但如果利率不同，结果也会不一样。对于一家在其资本结构中持有任何比例的无风险债务的公司来说，投资者可通过个人借款或贷款来创造相同的回报，并且他们会一直持有对自己最优的债务数量。如果公司改变了它的资本结构，投资者只需做出相反的动作便可以恢复到最佳的持有水平。因此，一家公司不能通过改变其资本结构进而创造价值——前提是在完美资本市场和无赋税的情况下。在思考非完美资本市场和有赋税环境下会发生什么，并且这些如何为金融创新提供可能性之前，我们要继续研究 FI 公司的案例。

回报和债务的关系

考虑在两个案例中 FI 股票带来的预期回报（见表 2—4）：

表 2—4

	股权融资	50%债权融资＋50%股权融资
预期每股收益	\$2.5	\$3
每股价格	\$20	\$20
预期每股回报率	12.5%	15%

这里发生了什么情况？为什么含有债权融资的公司股票预期回报会更高？公司可以以 10% 的利率借款并且其资产回报率可以达到 12.5%，

二者相抵就产生了 12.5％－10％＝2.5％ 的回报。如果其资本结构中一半为债权融资，则产生债权创造出的 2.5％ 加上股权创造的 12.5％。最终总回报为 2.5％＋12.5％＝15％。

这个例子说明借款会导致一个更高的回报，因为公司可以凭借低于其资产回报的利率获得借款。公司借得越多，股票的回报就会越高；其波动范围在以资产获得的回报和在大额负债上获得的回报之间。这个想法强调了莫迪利安尼和米勒的命题二。

莫迪利安尼-米勒的命题二

一个公司股票的预期回报率随负债股权比率的增长而增长，这一点在其市场价值上有所体现。增长率取决于在资产上的回报和在债务上回报的范围。这与莫迪利安尼和米勒的命题二有着很重要的关联，即通过借款使股票的预期回报增加是有可能的。然而，他们的命题一表明这并不会为股东们创造价值。那么在预期回报增长的同时维持公司价值不变是否可行呢？

风险和债务的关系

即使预期回报率随债务的增加而上涨，总价值依然维持不变，原因是股票的风险也在增加——这抵消了预期回报的增长。为了更加直观地观察，我们继续思考案例。观察当 FI 公司的资产从纯股权融资转换到含 50％债权融资和 50％股权融资时，风险是如何变化的（见表 2—5）。

在情况一和情况三中营业收入的差值为 300－100＝200（美元），无论公司发行的全部是股票还是有 1 000 美元的债券。通过纯股权融资，这 200 美元是分布在 100 股中的，所以预期每股收益的变动为每股 2 美元。而通过 50％的债权融资和 50％的股权融资，营业收入中相同的变动只分布在 50 股中，所以预期每股收益的变动为每股 4 美元。分布到每股中的回报率也随之增加：相比于纯股权融资的 10％，含有债权融资时则会达到 20％。因此，风险也翻番了。

表 2—5

	营业收入	
	＄100	＄300
纯股权融资		
每股收益	＄1	＄3
股票回报率	5％	15％
50％债券＋50％股票		
每股收益	＄0	＄4
股票回报率	0％	20％

莫迪利安尼和米勒的主张对公司融资进行改革，因为他们为考量债务的影响构建了一个清晰的框架。通过借款获得更高的预期回报是可行的，但是由于风险的上升在一定程度上对冲了预期回报的增加，所以这样做并不会创造价值。这就需要一种金融领域中最基本的洞察力：当对比不同投资的预期回报时，例如私募股权融资，其回报并非由融资中债务的数量而定，这使得它们看上去比实际更吸引人。

莫迪利安尼-米勒命题和最佳资本结构

莫迪利安尼-米勒的命题最初被用于分析一家公司如何选择它的最佳融资结构问题。他们为我们指明了为解答这个问题应寻找什么已知条件。每股收益和股票预期回报在决策最佳资本结构的过程中并不重要——公司依然可以凭借更多的负债来增加其负债股权比率。股东的收益并未增加，然而，风险已经上升，任何回报的增加都会被抵消。这些在决策最佳资本结构中的重要因素即赋税和市场的不完美性。

在美国和许多其他国家，债务利息是可从应交所得税的营业收入中扣除的，但是股票的分红却并非如此。这便产生了对债务的偏好。[7]如果一项给证券持有人的款项被标记为利息，则公司可以向政府支付更少的税。另一方面，如果是被标记为分红，则需按原来的税率缴纳税金。如果希望减免税则利息是唯一的方法，那么可能会刺激公司利用大量的债务来让公司从减免赋税中获得收入。但实际上公司并不会因此就持有大量的债务，大多数公司反而会正当缴纳企业所得税。为什么呢？

如果一家公司拥有大量的债务，它走向破产的概率就会很大。莫迪利安尼-米勒完美资本市场假设框架中的一个很重要的假设就是：破产的代价并不高昂。公司可以在不受经营管理干涉的情况下很快重新集资。可是，这样的情况并不会发生在真实环境中。破产实际上是一个代价高昂的过程。许多研究者建议当债务增加时，公司用减免的税赋中得到的利益抵消由于增加负债而升高的破产预期成本。[8]这也成为教科书中关于资本结构的一条理论。还有许多其他的模型也被建议，但没有一个可以完全替代"抵消"理论。

我们的利润与莫迪利安尼-米勒的命题中的略有不同。在他们的资本市场完美并且无赋税的理想世界中，金融创新不会带来任何好处。因为不会有阻碍资源顺利配置的问题存在，也就不会有需要金融创新才能解决的问题。在下一部分中，我们会转向一个资本市场不完美并需要缴税的世界，以便理解金融创新在其中需要扮演的角色。

在不完美世界中的创新

莫迪利安尼和米勒提出一个问题，一家公司应当如何选取最佳比例的债权融资和股权融资？伴随着金融创新，相关问题变成了我们如何通过改变有价证券、市场或者过程来改善这种状况？在这部分内容中，我们思考莫迪利安尼-米勒框架中的不完美性来为金融创新提供一个角色。[9]

不完全的市场

在这个简单的 FI 公司案例中，公司发行的债券和股东的个人借款都是无风险的。如果 FI 公司的借款多于 1 000 美元，公司将无法支付情况 1 中的利息，并走向破产。即使破产是不需要成本的，莫迪利安尼-米勒的结论也无法支持，除非个体股东可以借到与公司一样数量的借款。这个例子发生在完全的市场中，意味着当报酬取决于任何可预见的事件时，发行有价证券都是可行的（这个案例中，事件即指 FI 公司的破产）。[10] 在一个完全的市场中，独立的股东可借到和公司相同数量的借款，莫迪利安尼和米勒命题一的逻辑被证明有效，如果市场是不完全的，则独立股东们不能借到和公司相同数量的借款，于是公司的资本结构就变得重要了。

设想公司可以比独立的股东们得到更多的借款（由于银行在为客户们提供小额贷款时会耗费大量成本）。在这种情况下，一家公司也许可以通过借款和发行债券使股东减少个人借款成本来增加它的价值。在这个情形下，金融创新者将面对的问题是：如何设计债务合同才能吸引小的投资者。小面额和便于交易无疑是重要的因素。通过设计和发行这样的债券，一家公司可能会获得额外的回报，还会增加它的价值。

这个简单的例子解释了一个不完全市场如何使金融创新者获得利润。可是，更为普遍的原则是无论何时市场都是不完全的，并且无法为交易有价证券提供充分的机会，金融创新者有提升市场资源配置的可能。

金融市场最重要的角色之一就是允许风险被充分地分摊，许多创新都是为了改善风险分担状况而被设计出来的。投资者已经准备好为他们偏爱的有价证券投入更多的费用。用一个简单的例子来说明就是，公司普通股权益被分成两部分：初期和分数。初期部分接收股息红利和资本收益预先规定价格，分数部分接收在这个价格之上的资本升值。来自罗伯特·贾罗和玛琳·奥哈拉（Robert Jarrow and Maureen O'Hara）的一项研究表明，初期和分数部分的价值之和超过了股票的价值。[11]换句话说，将所有者权益分为两部分为股东创造了价值。

19世纪70年代，许多新的专业化金融市场都被使用，以使整个市场更加完整并改善风险分担状况。其中包括金融期货市场，它允许投资者以当下的固定价格在未来某个日期购买有价证券。这种工具在政府有价证券使金融机构得以规避市场给其重要资产带来的风险方面作用尤为突出。一项合同中风险分担的改进越大，它越有可能被实施。[12]

另一个在这个时期被采用的重要工具是在股票基础上的期权交易。芝加哥期权交易所于1973年成立，它实现了股票期权交易标准化（允许投资者以预先规定的价格或者在到期日用钱买卖股票）。芝加哥期权交易所迅速取得了成功，在1984年，它已经成为世界上第二大的有价证券交易所（仅次于纽约证券交易所）。从理论上分析可知，将期权思想应用于股票，可以更好地分散股票的风险。其结果是，股票的需求增加了，价格就上涨了。[13]以往的研究支持了这个发现。19世纪70年代和80年代初期，当期权概念被介绍，股票的价格上涨了2%～3%，同时股票的波动性也降低了。而当期权被取消时，则产生了反方面的效果（即股票价格下跌，波动性增强）。[14]

詹姆斯·范霍恩曾经主张，市场的不完全性为金融创新提供了理论依据，19 世纪 70 年代世界上期货和期权以及其他衍生品市场的快速增长说明了这一点。[15] 它同时解释了公司介绍新兴有价证券，例如初期和分数概念的原因。在很多情况下，市场的不完全性已然成为金融创新的驱动力。[16]

代理的担忧，信息的不对称和交易成本

在一篇重要的论文中，迈克尔·詹森和威廉姆·麦克林（Michael Jensen and William Meckling）指出了代理问题（或称不同利益群体的不恰当的动机）在选择资本结构中的重要性。由于目标不同，当债权人和股东之间因利益和管理产生分歧时，就会发生机构问题。[17] 詹森和麦克林提出，一家公司可被看作一系列不同利益群体和不同利益之间的合同。根据这一观点，有价证券发行的构成对调整不同派别的关系问题至关重要。倘若一家公司有大量的未偿还债务，那么股票持有人只会在有高额收入时才能获得回报。他们（或者代行职责的经理们）有动机去承担有风险的项目，即使是不盈利的项目。

思考下面这个简单的例子。利率是 10%。假设有一个安全的项目，对于每个个体的投资基金，在一段时间后都会获得 1.25 的回报。一个有风险的项目，对于每个个体的投资基金，有 0.5 的几率获得 0 回报，同时有 0.5 的几率获得 1.8 的报酬。表 2—6 总结了这些报酬。

表 2—6

项目	投资	报酬	预期报酬
安全项目	1	1.25	1.25
风险项目	1	0.5 的概率为 0	0.5×0+0.5×1.8
	1.8	0.5 的概率为 0	＝0.9

　　显然，不应介入风险项目，因为它无法收回平均投资。然而，一家有着大量未完成债务的公司会选择风险项目，而非安全项目。假设公司最初有 0.7 的债务，因为利率是 10%，在这段时间后，公司会欠 $1.1 \times 0.7 = 0.77$ 的债务。

　　股票持有人由安全项目得到的报酬少于由风险项目得到的。

　　安全项目的报酬 $= 1.25 - 0.77 = 0.48$

　　风险项目的预期报酬 $= 0.5 \times 0 + 0.5 \times (1.8 - 0.77) = 0.52$

　　债券持有人会想要阻止公司选择有风险的项目，因为如果公司选择安全项目他们会获得 0.77 的报酬，而选择风险项目只会获得平均 $0.5 \times 0.77 = 0.39$ 的报酬。这时信息的不对称扮演重要角色。若真有可能，债券持有人会以书面协议来阻止公司选择有风险的项目。如果存在信息不对称，那么这种情况就不会发生，公司依旧会选择风险项目。只要债务大于 0.64 的水平，公司就会选择风险项目，反之，则选择安全项目。

　　金融创新可以通过发展债券和股票以外的有价证券来解决这个问题。[18] 如果债务是可以自由兑换的，当股票价格高于 1 时，债券持有人会收到 49% 的权益，这一点保证了股票持有者不值得去选择风险项目。如果股票持有者确实实施了风险项目并且获得成功，债券持有者会将他们的债券转换成公司 49% 的权益。在这个案例中，他们会得到 $0.49 \times 1.8 = 0.88$ 的报酬。如果他们没有要求转换，则会得到 0.77 的报酬。最初的股票持有者会得到 $0.51 \times 1.8 = 0.92$ 的报酬。于是，他们没有动机再把风险项目放在首选，因为他们的预期报酬为 $0.5 \times 0.92 = 0.46$，0.46 小于 0.48，所以要选择安全项目。

　　在另一个重要贡献中，斯图尔特·迈尔斯（Stewart Myers）指出了代理的第二个问题（不同利益群体对于公司资金流动主张上的利益竞争）。[19]在先前的例子中，公司愿意去实施一个不好的、有风险的项目，而不会去实施优秀的、安全的项目。考虑将先前的例子换成安全项目，投资额是1，报酬是1.25。由于利率是10％，而这个项目赚得25％，很明显值得实施。然而，如果存在0.3的债务并且项目需要融资，那么公司很有可能无法筹集到必要的资金。

问题是当项目清算时股票持有人会获得1.25－0.3＝0.95的报酬，所以他们不会愿意在初始时为该项目投入1。那些拥有0.3债权的债券持有人很愿意投入资金，只要他们能确定项目是安全的，因为这样他们就能收回初期债权和后续债权。然而，如果存在信息不对称从而影响了债券持有者对项目质量的观察，那么这个项目也许会变得有风险，他们就不会为其融资。因此，项目也就无法实施。

金融创新也可以解决这个问题。当股票价格低于0.2时，债务转换为10％的权益，股票持有者会很愿意投资。他们可以获得0.9×1.25＝1.123的报酬。这让他们的投资获得了12.5％的回报，这比10％的利率更好（抽象了风险的影响）。

史蒂芬·罗斯（Stephen Ross）曾指出，代理发行债券和市场成本的相互影响是金融创新的重要驱动因素。[20]代理商希望引导借款人和商业银行建立关系。一次波动，例如税收章程上的一个改动，会改变他们愿意贷款的数量。结果是，他们通过与投资银行合作来出售这些低评级的资产，通过金融创新来减少销售它们所花的成本。

罗伯特·默顿也曾强调代理成本。[21]此外，他指出，交易成本的节约和流动性的提升是金融创新带来的重要收益，例如：商业票据、金融期货、期权和互换。

税收条例

米勒曾提出，发生在 20 世纪 70 年代和 80 年代初的许多金融创新是对政府规章和税收法则特点的回应。[22]然而，这种类型的限制更加刺激了创新。在 20 世纪中期，英国的优先股是从公司被禁止借款多于其股本的三分之一之后才开始普及的。更近一些，20 世纪 60 年代，美国的利息平衡税不包括绝大部分在美国市场的外国发行者，极大地刺激了欧洲市场的发展（在美国之外以美元结算的有价证券和存款储蓄市场）。

另一个经典的应对税收法则的创新例子是零息债券，它在债券到期时给予持有者一个简单的回报，其中包括本金和利息。[23]在 1982 年的纳税公平和财政责任活动前，零息债券的纳税义务被分派在一个直线的基础上——年利率由到期日需要偿还的数目减去发行价格，再除以到偿还时经历的年数得来。这条规则忽略了复利的影响，并为公司通过对免税的投资人发行长期零息债券规避缴税创造了机会。在 20 世纪 80 年代早期利率很高时，这种有价证券潜在的避税效果逐渐凸显出来，各公司争相发行这类债券。尽管纳税公平和财政责任活动堵住了这个漏洞，零息债券的市场仍很活跃。首先由投资银行满足对这类证券的需求，继而财政部发行政府有价证券（债券被分成本金和利息两部分）。

爱德华·凯恩（Edward Kane）曾强调过"管制的辩证假设"是创新的重要原因。[24]在这个过程中，管理规则导致了创新，创新又反过来影响了新的管理规章。其中一个例子是银行融资的要求，它促进了银行引进便于计算其资本的债券和优先股。同样，最初的互换发生于 20 世纪60 年代；是为了躲避英国的外汇控制而进行的货币互换。

现在我们已经思考了莫迪利安尼-米勒主张和代理理论是如何为金融

创新搭建了一个理论框架的，下面我们概述其他推动该领域发展的模型。我们从资本资产定价模型开始，这是第一个使准确量化证券风险变为可能的模型，还有布莱克-斯科尔斯期权定价模型，它开创了一条思考关于金融和新型金融产品如何用前所未有的方法加工的全新思路。最后，我们看一看蒙特卡罗模拟技术，它可以在布莱克-斯科尔斯模型不起作用时评估期权和复杂的新型金融工具的特性。

金融创新的工具

资本资产定价模型（CAPM）

1952 年，哈里·马科维茨（Harry Markowitz）提出了从回报平均值和标准差的角度考虑有价证券投资组合风险的想法。[25]一个有效的投资组合应在给定预期回报的前提下使标准差最小化。投资组合有效性的核心是保持风险和回报的平衡。

这到底意味着什么呢？马科维茨的创新让人们能够认真地考虑使投资多样化以及其在降低投资组合风险中扮演的重要角色。他演示了如何衡量一个投资组合的风险，当用标准差衡量时，取决于这个组合股票回报的标准差和协方差（或者相关性）。换句话说，如果一个投资组合项目包含了许多独立的股票，那么它们回报的协方差为 0，风险便会被无限减小。可是，在实际中，股票的回报并非独立，这是由于商业周期在某种程度上影响着绝大部分公司。并非所有风险都可被消除。

在迈出下一步之前，又过了 12 年，威廉·夏普（William Sharpe）和约翰·林特纳（John Lintner）得以独立地设计出资本资产定价模型。[26]这次关键性的创新重点是不再单单考虑有风险的股票，而是引进了一种零风险的政府债券。他们表示，在这种情况下，所有的投资者都会持有一个零风险资产和市场投资组合的结合体，由所有当下存在的有风险的证券组成，这样一来就能使投资多样化。不愿承担风险的人们则会持有大量的政府无风险债券，而愿意承担一点风险的人则会持有更多的市场投资组合。夏普和林特纳还成功地获得了股票预期回报及其风险的一个简单的关系，将其用 β 标示，这取决于它和市场投资组合的相互关系。公式如下：

$$r = r_F + \beta(r_M - r_F)$$

式中，r 代表股票的预期回报，r_F 代表零风险政府证券的回报，r_M 代表市场投资组合的预期回报，β 代表协方差（股票，市场）。

M 的标准差的平方

β 对于决定股票预期回报很重要，因为它衡量了股票对市场投资组合风险的贡献。如果市场投资组合中股票的数量小幅度地增加，它会显示市场投资组合的风险会如何变化。β 的另一个作用是代表股票回报相对于市场回报回归线的斜率。它表明市场投资组合每增加1％，股票回报将增加多少。

资本资产定价模型让人们对于风险的思考有了革命性的变化。他们不再单纯地关注股票回报的标准差，而是关注以 β 表示的股票对投资组合风险的影响。公司独一无二的风险并不包含在测量中，因为这个风险是多样化的。相比而言，β 侧重的是公司和市场的风险共变。

布莱克-斯科尔斯模型（The Black-Scholes Model）

1973年发生了两件大事：芝加哥期权交易所的开业和两篇关于期权定价开创性论文的发表 ［一篇来自费希尔·布莱克和迈伦·斯科尔斯

(Fischer Black adn Myron Scholes)，另一篇来自罗伯特·默顿]。[27] 1997
年，斯科尔斯和默顿因为这项成就被授予诺贝尔奖（不幸的是，布莱克
于 1995 年去世，故他不符合获奖条件）。

为什么他们的成果如此重要呢？期权或许非常重要，但更重要的是，
这些经济学家提出的交易所概念改变了游戏规则。这些概念适用于许多
不同的环境，并对金融实践产生了革命性影响。他们理论中极其重要的
两个部分是：套汇和动态交易。这些促进了金融工程的发展，涉及了创
造有价证券和投资组合。

我们将这个观点融入到期权的环境中，这也是它们最初被介绍的领
域。由于允许保险，期权被有效地用在许多环境中。例如，期权在外汇
中的应用使得公司能够消除汇率波动产生的不利影响。除了外汇，期权
还可被应用在股票中。投资者可以将期权和股票以及债券结合在一起，
设计出回报令人满意的投资组合。譬如，如果担心股票价格下跌，你可
以通过购买期权避免下降带来的风险。股票的期权市场是世界上最活跃
的市场之一。尽管我们侧重于股票的期权，同样的方法论可推广到其他
类型的期权中，比如外汇期权。

首先，期权到底是什么呢？如果愿意，看涨期权的认购者有权利在
到期日之前或当天，从销售期权的卖方手中以事先精确计算的预购价格
购买股票。看跌期权的认购者有权在到期日之前或当天，将手中的期权
以事先精确计算的价格卖出股票。[28]

布莱克-斯科尔斯公式及其许多拓展学说已被证实在实际中发挥了很
好的效用。无论是需要强大的假设还是模型自身抽象的本质，根据以往
的经验，布莱克-斯科尔斯模型及其拓展学说都得到强大的支持认可。

布莱克-斯科尔斯模型背后的基本观点是用股票和无风险债券建立一

个动态交易策略，使之与看涨期权具有相同的效果。看涨期权并不是唯一可以被动态合成的项目——实际上，几乎任何一种资产都可以被动态合成。这也是模型能够使金融发生革命的原因。你可以随时用适当的动态交易策略创建任意模式的回报。其方法论让投资者得以对金融工具进行评估和定价，这一点也是为何此模型的发现被视为金融创新的巨大突破。很难想象芝加哥期权交易所如果没有布莱克-斯科尔斯公式的帮助将如何取得成功。

蒙特卡罗方法（Monte Carlo Methods）

布莱克-斯科尔斯模型对于假设的依赖很强。费利姆·博伊尔（Phelim Boyle）在后来指出，当布莱克-斯科尔斯的假设不能被满足时，蒙特卡罗方法可以在很多时候用于确定期权的价值。[29]该方法包括估计出股票价格的随机趋势，评估期权在每个利润点的价值。这种评估已经进行了成千上万次。期权定价是对未来所有可能进行加权平均，并按无风险利率折现后获得的。这种方法非常有用，因为它让分析师们综合分析了和布莱克-斯科尔斯模型的误差范围。例如，它允许在暴涨过程中对期权价格进行评估。

正如布莱克-斯科尔斯模型能被适用于除期权以外的有价证券一样，蒙特卡罗模拟也可以被用于许多情况。当风险有多重源头时，这种方法尤为适用。

结　论

这一章为思考金融创新搭建了一个清晰的框架。凭以往的经验，包含这些工具的概念和理论模型已被广泛应用到金融产品和真实的市场中。在莫迪利安尼和米勒提出的完美资本市场并且无赋税的理想世界中，金融创新没有用武之地。但是伴随着这些抽象模型不断地被应用到真实市场中，许多应用出现了。只有在一个有摩擦的世界中，金融创新才能发挥功效并改善其状况。无论何时市场都是不完善的，代理问题都会产生在不同的利益群体之间，规章和税收政策则会造成阻碍，这就会刺激创新的发生和价值的创造来冲破阻碍。

3

商务金融的创新

　　在经济状况良好的时期，公司金融能为保证商业繁荣
旺盛提供工具。而在经济困难时期，这些工具对企业能否
存活下来有很大影响。

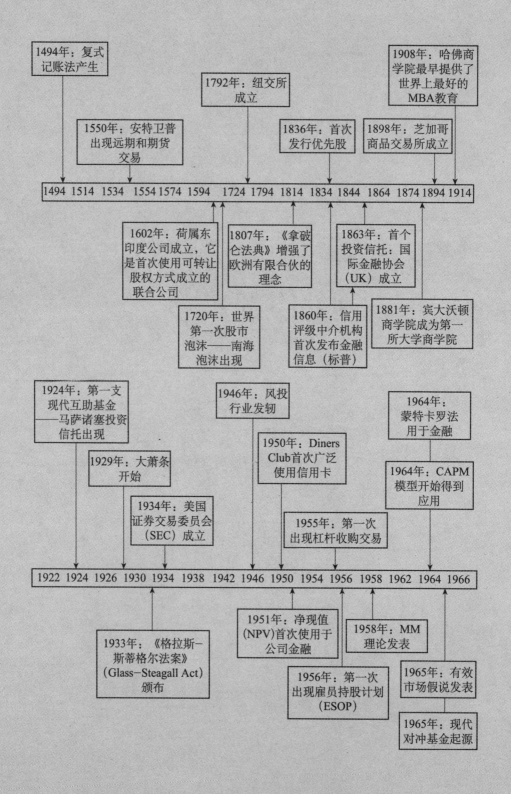

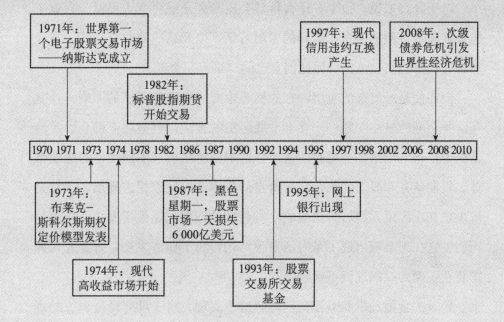

1971年：世界第一个电子股票交易市场——纳斯达克成立

1982年：标普股指期货开始交易

1997年：现代信用违约互换产生

2008年：次级债券危机引发世界性经济危机

1970 1971 1973 1974 1978 1982 1986 1987 1990 1992 1994 1995 1997 1998 2002 2006 2008 2010

1973年：布莱克－斯科尔斯期权定价模型发表

1987年：黑色星期一，股票市场一天损失6 000亿美元

1995年：网上银行出现

1974年：现代高收益市场开始

1993年：股票交易所交易基金

对于外行来说，很少有什么科目会比商务金融更令人畏惧。它似乎包含着深不可测的概念，诡异的术语行话，以及精确的数学公式。有经验的老资格们甚至可能会用他们自己的"语言"交流。

但即使是最复杂的应用，它的核心也有一个清晰明了的原则。这就是商务金融的核心问题——寻求发展经济的方法，创造就业机会以及给市场带来新的创意。公司必须选择合适的资本结构（不同类型的短期债务、长期债务和股票的混合）来给它们的业务融资以促进发展。不管是解决想在小区里开商店时出现的信贷延期的问题，还是帮助一个跨国公司调整它在现金流出现困难时的负债结构，为了获得成功，每个公司都需要在正确的时间进行正确的融资。

最近的金融危机能够让我们理解这个真理。对于没有经过训练的观察员来说，公司金融看起来曾经像是一个学术方面的训练——在枯燥的资产负债表上重排一些数字。但在美国，信用市场在灵活创新与严格管控之间摇摆不定。据披露，商务融资是美国经济的功力所在。高负债率公司争夺着去寻找正确的方法使它们保持稳定，但是小公司会争着为它们需要的装备、供给和工资申请贷款。信贷危机很快转换为失业并引起严重的经济萧条。显而易见，当公司失去管理企业现金流的能力，不能适应环境进行调整时，国家的经济运行就会出问题。

即使在经济状况良好的时期，公司金融也能为保证商业繁荣旺盛提供工具。而在经济困难时期，这些工具对企业能否存活下来有很大的影响。

在正常条件下，商业投资大多是通过内部资金流动融资的（从会计的角说，就是折旧和留存收益）。但是提升外部融资的能力决定着公司是停滞还是发展、是混乱还是创新。内部资金流动一般来说不能满足公司和项目的所有资本需求，尤其是对于那些注重未来发展的、不仅仅局限于经常性业务的公司。

公司通过股票和企业债券市场联结资本的能力，在驾驭经济方面起着决定性作用。但是这扇门在面对 2008 年金融风暴时被狠狠地关上了。在经济大萧条的影响下，资金枯竭，经济发展受到阻碍。

作为就业和经济发展的关键引擎的小型企业，在这次风暴中受到了严重的打击。2009 年的一次调查显示，接受调查的小型企业有三分之一以上无法得到支持它们运作的资金，还有差不多相同数量的企业信贷额度有所减少。[1]

不确定的是，资本市场的敌人总是在经济危机中增长。供货商们在运送货物给那些在巨额债务负担中挣扎的企业时，变得越来越不情愿。许多供货商都要求在送货时直接支付现金，因为他们担心自己会成为一个因债务负担过重而被廉价出售的公司的长期债主。

先前，即使是有能力的公司，日常的信用交易也变得越来越难，原因是供应商担心他们的账单不能及时被付清。

但是需求总是决定发明。正如 20 世纪 70 年代那场令人痛苦的大萧条引发了资本结构设计创新的一轮新高潮，同样的方法有一天将会被应用于解决当今的极端严重的经济挑战。许多在这场风暴中被袭击的公司已经成功地以精明的方式重建结构渡过了难关。特别在违约情况逐渐增多的情况下，用创造性的融资和发行新债券的方法可以保证公司存活下来，并进一步重组来适应新的市场情况。这些能够挽救企业的创新将会指引我们走出大萧条并且重回盈利性的借贷和真正发展就业机会的时代。

资本结构问题

增长——公司雇佣员工重新改造自己，打造新型市场甚至开辟新产业的那些开创性、建构性、重组性的战略——很多发生在最顶尖的公司和项目中。小型的、有风险的以及快速发展的公司更加多地倾向于依赖股票发行与公共资本市场。这些资本结构上的创新对于给公司提供正确的有价证券组合以及它们所需的真正的投资和拓展资金至关重要。

资本结构内在的杠杆效应是中性的。对于某些公司来说，债务很重要，并且是有效的资本结构的一部分，但其他那些在波动性较大产业生存的公司应该完全避免债务。关键是当市场条件变化时找到一个最佳的和灵活的债权融资和股权融资比率。

资本的需求和典型负债股权比率在不同的领域会有所不同。石油、公共设备以及化学、交通、通信、木制品和房地产等产业都依赖于外部资金提供的支持。医药公司则更愿意负债尽可能地少，流动资产（所持现金和可出售的证券）通常会超过它们的未偿债务。[2] 负债股权比率在收益高、发展机会大的时候就会较低，同时企业的风险会很大。较少的债务意味着公司财务宽松，允许它们利用好的投资机会或者经受得住任何突如其来的震动。

在一个理想的世界里（或至少是一个由经济学家幻想出来的，所有事情都会无阻力地发生的乌托邦里），资本结构的鸿沟总是会被跨越。公司会只凭借企业风险来获取资本而不是依靠现成的资金支持。但那并不是资本市场真实的运作情况。理论上讲，资本应该总是应被用到最需要它的地方——但是目前并不是这样。在已经建立的经济模型里，我们总是假设资本市场是竞争性的、无阻力的以及完整的。可惜它们不是这样的。理论上，由公司发行的每支股票的风险特性都可以潜在地通过购买其他现有的有价证券或投资组合来匹配，但是金融危机的模式和交易平台在恐慌中的真实性证明事情并不总是按常理发展。

金融的实践一直在努力进行，使条件更接近于理论中的理想世界。持续的努力使得市场在混乱与反复试验中变得更好——我们在行进中学习，有时甚至可以成功地通过授权公司、企业、创新者得出解决办法。

企业家追逐着他们的想法和目标，期待着最终能够看到自己承担的风险和付出的汗水有所回报。金融资本随着共同投资而来，带来对未来的相似的期望。创造资本结构的过程使得利润持有者和投资者调动了资本市场中的资源和自身的创造积极性。

就像康奈尔和夏皮罗所展示的，商务金融的创新通常侧重于卖出公司流动资金的一部分来赢得更多的资金。因为公司需要更多的资金来发展，所以它会卖出由目前和未来的项目产生的现金流。它会通过直接卖出所有的项目权股票来做到这一点，或者重新整理那些流动资金，使它们成为债务证券，又或者设计债券和股票特性的混合产品（这两种类型之间的界限正在逐渐变得模糊，因为合作下的资本结构变得越来越复杂）。[3]创新已经可以满足公司和投资者的需求，可以增加流动性，降低交易成本，克服公司内部以及外部投资者间信息的不对称。

合作经营者和投资经理们现在在公司获取资本方面拥有一种被广泛应用的处理方法。[4]这一章我们不会深挖教科书的定义，也不会尝试提供一个综合了所有项目的目录、公式或者概念。相反，本章描绘了它们深奥精密的发展，以及应用是如何帮助美国实现经济长达两个世纪的梦幻般成长的。

需要重申一个要点：与选择一个铺路机手提钻或者一个矿工相比，金融的方法更像是用工具来雕琢其他事物（如真实的经济）。一些仍然比较特殊的方法是（或者说应该是）只能被最专业的人士使用。其他是一些金融的共性。正如把手放在除草机中一样是不明智的一样，选择正确的金融方法，使它适用于目前的情形，小心地应用是很重要的。

美国公司金融的诞生：走近亚历山大·汉密尔顿

私人公司金融有公共基础，这可以追溯到美国成立的初期。当公共建筑、公路或其他企业需要资金时，美国人通常拒绝被征收新的赋税（它压抑了人们几个世纪之久）。在一些情况下，他们将会求助于长期或短期的借贷，但更常见的情况是，在早期，资本的需求是通过发行彩票满足的。一项调查显示，在1744—1774年间共发行了158次彩票。美国独立战争也是靠奖券支持的，国家首都的建设和它的第一所大学也是这样筹集资金的。[5]

在资金缺乏的时候，亚历山大·汉密尔顿（Alexander Hamilton），美国第一位财政部长，提出了一个概念，称彩票可以用来为商业活动提供基金。在他所处年代的经济环境中，不难想象为何他认为彩票是最合适且最有效的用来扩充资本的工具。[6]但从长远的角度看来，光靠彩票还不够。

像很多历史学家所叙述的一样，汉密尔顿与托马斯·杰斐逊的激烈冲突是众所周知的。争论的焦点之一就是汉密尔顿认为政府应该在经济中扮演更活跃的角色。当汉密尔顿在1789年掌握经济大权时，这个新的国家正在联邦政府留下的5 400万美元债务下挣扎。如果那个时候能够给出信用评级，那么美国可能会是 BBB 级。那时利率较高，政治局势摇摆不定，无论是持续的商业贸易还是新的投机活动都很难获取资本。放款人不愿意承担风险，借款者也不愿意或者无力承担高额的利率。

汉密尔顿的举措在今天依然能够作为国家解决金融方面困难的模板。他否定了很多拖欠或者破产的建议，坚持认为如果那样做美国的名誉将永远不能恢复。相反，他建议通过多环节的项目来建立国家信誉，营造一个能够为借款者和放款者交换商业债务提升信心的氛围。

汉密尔顿通过一个债务之间的交换开始着手重建这个年轻国家的政府债务。他首先把焦点放在偿还 1 170 万美元的外债上，通过发行新的有价证券来取代旧的、贬值的证券。2/3 新发行的债券从发行日期 1791 年 1 月 1 日起，支付 6% 的利息（在那时相似的欧洲资本的利率在 4%～5% 之间），其余的 1/3 将会在 1800 年后付息。[7] 用现代的话说，后者是一种在前九年保持零息的债券，这一点通过折价出售反映出来，这样可以在经济动荡的时期为政府分担利息支付压力。

随后有人提出建议，联邦政府应该承担国家债务（将国家和州捆绑起来）。这个提议一方面招致了那些无债或债务较少的州的不满，另一方面让那些债务水平高的州欢欣鼓舞。这个计划激怒了汉密尔顿的对手，他们准备破坏这个计划。[8]

为了提前实施他的计划，汉密尔顿提倡创办了美国银行为政府储蓄服务，并充当政府的财务代理人。这家银行通过其分支机构为借贷双方提供本国货币以便增强他们的信心。第一家美国银行创办于 1791 年，持续经营到 1811 年。1792 年的铸币厂运动（Mint Act）建立了一套复本位制体系，确保了政府通过合法的途径偿还其债务，而不是仅靠令人担忧的纸币发行。

和预期的一样，联邦和州级债券的价格在 18 世纪 90 年代出现了上涨，汉密尔顿计划无疑取得了胜利。事实上，债券持有者早就确信汉密尔顿计划会取得成功，在 1791 年 1 月 1 日，那些利息率为 6％的有价证券的售价比市值高出 20％，并且利率降到了平均水平以下。

通过创建公共信用系统，汉密尔顿使得投资更加安全和容易，成功地促进了公共事业的发展。这为发展大规模商业金融奠定了基础。他创造性的、无畏的突破促成了许多机构第一次被设立，为美国经济发展做出了巨大贡献。[9]

19 世纪：快速创新的开辟

第二家美国银行紧接着汉密尔顿创办的第一家出现了，从 1816 年持续经营到 1836 年，当时对这些机构权力的质疑相当多。在美国银行的报告中，约翰·昆西·亚当斯（John Quincy Adams）写道："用权力做好事就是用权力做坏事，即使权利掌握在万能手中。"[10]

1832 年，围绕着是否颁发给美国银行执照，争论达到了顶峰。尽管议会批准了预算，总统安德鲁·杰克逊也对其投了赞成票，但是伴随着对各种强大的金融机构的厌恶，一种追求松散银行系统的倾向开始出现。结果是，美国的银行系统在整个 19 世纪都高度分散。不同于其他工业化的国家，美国未能发展出全国性的银行并使其"网络"覆盖到各地。但是这个空白强化了金融市场扮演的角色，为金融创新提供了广阔的空间。

19 世纪后半叶，纽约金融市场飞速发展，这部分地源于在内战期间债券的发行和接下来的几十年内活跃的贸易。这个时代见证了一大批创新，其中包括商业票据市场的发展，这使得实力雄厚的公司可以在市场上借到比从银行借到的更便宜的短期贷款。[11]

为了让国家能够通过战后重建来摆脱困境，一项修建横跨美国的铁路的艰苦任务出现了，这也成了重建行动的试验田。大量的企业承担大量的资本，并且铁路公司自身持续不断地重组定义了美国发展和创新的伟大时代，我们在下一部分会着重介绍这些内容。

1919—1927 年间，就像在彼得·图法诺（Peter Tufano）在文件中提到的，许多标准合同的格式我们至今还在使用——优先股、可转换债券、权证和债券契约——它们都在这个时期的技术发明和商业化中都得到发展并被精炼。[12]1843—1850 年间，优先股被用于为铁路扩充资本；1890—1893 年间，它构成了信托、公司合并以及资本结构重组的 42%；1919—1927 年间，占总值 13% 的有价证券被发行。

收入债券是债务证券的一种，它只承诺向投资者支付债券的面值（息票支付只在收入足够时进行）。这种债券在 19 世纪时帮助了面临重组且十分衰败的铁路业。19 世纪 50 年代设计出的可转换债券和票据，引发了 1914—1929 年占总数 13% 的债券发行。[13]这一时代见证了大量补充资本的手段方法是如何发展的。

JP 摩根和工业及金融业的共同转化

19 世纪末期金融资本有所增加。在美国南北战争后，投资银行成为美国经济中一支重要的力量——JP 摩根就是那个时期杰出的代表。[14]

出生于伦敦银行世家的摩根在 1879 年第一次声名大噪，他帮助范德比尔特成功地卖出了 250 000 股纽约中央铁路股票。这一动作证明了摩根拥有"安置力量"，意思是他可以出售大量的有价证券而不惊扰到市场。这一能力，能为客户赚得利润。它以前是，至今仍是投资银行家的高超技艺。

在接下来的 15 年里，摩根把精力聚焦在铁路的重组上：通过和北太平洋公司合作，使得宾夕法尼亚铁路和纽约中央铁路休战，并重组了巴尔的摩与俄亥俄、切萨皮克与俄亥俄铁路公司。早在 19 世纪 90 年代，他就曾帮助里士满西点军校码头公司起死回生。当时他调入了南方铁路公司，后又调入了伊利、费城和里丁铁路公司。

在这些项目进行期间，银行开始同客户发展紧密的关系。的确，这项实践被认作"关系银行业务"。银行家们在金融以外的各种事情上为董事会的客户服务。

19 世纪 90 年代初期，铁路系统已经成熟，在它的帮助下，制造业公司可以经营全国范围的业务。铁路、电信和金融公司是曾经仅有的利用资本市场出售大部分债券的私人公司，但是，一些工业公司逐渐向这一市场靠近。当它们真的接近市场时，债务融资比发行股票更受青睐，因为当时公众对投资股票尚持怀疑态度。

最初，这些工业公司并没有获得投资银行的服务。希望通过借款融资的公司成为"贷款签约方"，用自己的抵押物为贷款提供了担保。一些商业银行会为当地的企业提供资金，偶尔地，中介会游说它的投资者认识到放贷能获得利润。一些人，诸如查尔斯·兰赖特·弗林特（Charles Ranlett Flint）和约翰·盖茨（John W. Gates），是一桩桩融资业务的促成者。为促成融资，他们把相关方拉到一起，并向投资银行介绍投资的收益。无论如何，这个时期的制造业经营稳定，通常被它们的创建者所管理。只有很少的普通股可以提供给工业公司。

20 世纪初期，投资银行家已经取代最初的发起人和贷款承包人成了为工业公司融资的主要角色。此外，他们还通过经济实力扩大其影响力，和商业银行以及保险公司组成联盟。摩根的势力范围深入到了第一国家银行、大通银行、银行信托和担保机构。

投资银行的客户都是政府机构和大公司，这样的联盟一直统治着美国公司，直到 20 世纪 80 年代。在他漫长并且富有创造性的一生中，摩根引领了许多铁路和工业公司的改建，甚至还曾在 1896 年货币危机时帮助政府节约财政支出，以及应对 1898 年的铁路危机、1907 年的信用危机。然而他在为小企业或个人的资本增长方面做出的努力并不多。

就像阿尔文·托夫勒（Alvin Toffler）和布拉德福德·德隆（Bradford Delong）曾描述的，摩根的组织策略和融资方法与大规模的工业化的合并和集中密不可分——这与后来被用作聚集企业资本、金融创新以及公司战略的方法完全不同。[15]

一个创造性的毁灭时代

当 19 世纪即将落下帷幕，新纪元将开始的时候，融资的发展为蒸汽化时代向电气化时代的前进铺平了道路。从煤炭到石油，从火车到汽车，这些改变驱使着创新和扩张，同时也创造了新的财富。1880—1913 年，金本位货币制度广泛传播，合股银行与商业银行相互抗衡，世界目睹了一次新公司成立和股票发行的爆炸。期货市场在有组织的商品和货币交换中得到发展，公司则尝试着新的组织形式，包括控股公司、信托机构和其他法人或贸易实体。

似乎只要一个晚上，金融就可以创造出不可思议的新发明来冲击市场：电气发电机、炸药、胶片电影、电灯泡、电气马达、内燃发动机、蒸汽涡轮机、铝、钢筋混凝土以及橡胶管道。[16]19世纪20年代，美国专利局的专利数量创了纪录。这个技术进步的时代特点是大部分公司开始在这些东西上投入——并且它们发现投资无形的东西可以带来真实的回报。[17]投资者数量的增加和承担资本收益风险意愿的增加共同驱使了金融创新。

创新是在金融和技术的交汇处实现的。通过这个交点，约瑟夫·熊彼特（Joseph Schumpeter）创立了引人入胜的商业周期理论。他观测到"创造性毁灭"的暴风，摒弃了旧的发明、概念、技术、技巧、设备和器材以提高生产力、生产效率和生活水平。这一时期的历史证明人类的知识和创造性可以通过创新和金融的催化变成财富。这启发了熊彼特关于企业动态资本化的想法，同时放弃当时被经济学家偏爱的静态平衡模型。[18]

商业的失败同样加快了新型有价证券的发展和采用。在南北战争和大萧条期间，美国共经历了20次经济倒退和15次大的银行恐慌以及金融危机。[19]在商业金融创新中，铁路公司的重组和暂时性的融资方法经常与跟破产有关的重组、创新道路的开辟相伴而生。当铁路修建和工业建设的成本超过了原先的预期，优先股可以帮助濒临破产的公司聚集额外的基金。长期债券出现在19世纪末，并被迅速地应用于大萧条后的重组活动。

另一项发生在20世纪初的创新由认股权证的形式转化而来。它经常同债券和股票一起发行，本质上包含了一个期权——允许持有者以预先计算出的数量在规定的时间内购买股票。它们的首次出现是在1911年美国电力公司发行利率为6%的债券时。它们一直被零星地应用，一直到1925年才被大众接受。[20]认股权证再次作为有价值的工具出现是在20世纪 60 年代，我们稍后会对此进行介绍。

几十年后，在七八十年代的信用恐慌和商业危机中，早期的金融创新作为有用的工具重新出现。为了丰富这些早期的发展，金融家们发明了资产负债表和经营重组的新途径。公司逐渐接受了其资本结构适应市场情况的灵活性，例如，出售债务或股票，或当市场接受程度高时把其中的一种换成另一种，不需要考虑税收后果就达到了资产负债表的平衡。

去杠杆化的机会（为了减少债务）是很少有企业在七八十年代期间拖欠债务的基础原因。在 70 年代许多被认为债务存在极大风险的公司——比如西屋、坦迪、克莱斯勒和泰莱达因——发现了管理其资本结构和盈利水平的方法。在 80 年代，诸如国际收割机、查尔默斯、美泰和西方石油这类的公司，成功地通过依靠发行股票降低债务实现了去杠杆化。它们吸引了投资者，最大化了股东价值，避免了破产，即便是在经济衰退时期也可以创造就业。

阿马德奥·贾尼尼和资本的民主化

通过摩根和其他人的努力，相当多的金融创新帮助企业增资以扩大规模。公司和工业的力量就集中在这些金融巨头手中，并汇集到华尔街的银行。但是不久之后，这些门一定会开得更大。

最初试图将资本引入到更广泛公众身边的尝试开始于商业银行——这个观点是由一个貌似极力反对 J. P. 摩根的人提出的。在一个远离华尔街的地方，彼得·贾尼尼（Peter Giannini）于 1870 年出生在加利福尼亚，他是一位意大利移民农民的儿子。[21] 贾尼尼直到 14 岁才进入学校，当时他和继父一起做水果蔬菜生意。在那里，他通过小生意得到了形成他世界观的实践经验。

1903年，贾尼尼继承了他逝去岳父的财产，包括哥伦布储蓄协会的少数股权。突然间，年轻的蔬菜商成了银行家。在1909年，他组建了意大利银行——美国银行的前身。

在那些日子里，美国银行被东海岸的巨头垄断联盟、公司和上流社会统治着。这些银行只为信誉卓越的客户提供贷款，而由移民经营的企业则无须申请。

最初，贾尼尼把注意力放在小的存款人和借款人身上，试图将银行介绍给大多数人。在1906年旧金山发生地震和火灾时，他遇到了转折点。当大银行在灾难后不得不关闭时，他在码头搭好帐篷为陷入窘境的人们提供贷款。传奇的阿马德奥·贾尼尼就此诞生了。在几年的时间内，从圣何塞开始，他在加利福尼亚州的其他地方开设了分支机构，把精力集中在小规模存款人和借款人身上，并将旧金山银行经营得非常成功。贾尼尼丝毫不隐藏他走向全国（甚至是国际）的雄心；1928年，他甚至将银行的名字改成了穿越美国（Transamerica）。他的成功暴富惹恼了华尔街和华盛顿，但即使他们编制法规来限制他，1945年贾尼尼的银行依然发展成为全美最大的银行。

贾尼尼的小公司贷款和家庭抵押贷款的普及使得有关公众资本增加的政策开始出现。他的举动将商业银行民主化，为加利福尼亚农业经济和不动产以及娱乐产业的爆炸式增长做出了贡献（他甚至曾为第一部迪士尼电影投资）。

另一场改革的爆发也发生在这一时期，当第一个共同基金打开一条为企业融资的新渠道时。约翰·艾略特·塔潘（John Elliott Tappan）就是当时一位简单寻求高回报的金融创新者。他设计出了一种募集基金的新方法，让普通百姓在几年的时间内，采取每月分期付款的方式购买票面金额证书。塔潘创建了投资金融财团（Investor Syndicate），它比银行或其他传统的金融中介有更高的复利率。之后它被称作投资者多元化服务公司，最终被美国运通收购，转型为阿默普莱斯金融公司。[22]塔潘的金融工具获得了抵押贷款的支持并流行开来，尤其受到那些在城市中生活，不再靠农业获得收入的都市美国人的欢迎，这成了他们保持不动产或土地的流动性的更好选择。塔潘的金融创新引领了人寿保险产业的发展，打开了小资本投资者的市场，为现代合股基金产业的发展铺平了道路。[23]

20世纪50年代：资本市场的发展和风险投资的诞生

第一次正规的股民普查发生在1953年，当时纽约证券交易所的发起人发布报告称，共有6 500万的个体股东。[24]也就是在这个时候，查尔斯·梅里尔（Charles Merrill）开始进入股票市场，那时贾尼尼还经营着小公司的存贷款。从第二次世界大战到20世纪末，借助有价证券的普及，他激起了一波又一波金融创新的浪潮。

梅里尔直到第二次世界大战后才取得真正的成功。在那些让人无精打采的年代里，他彻底改革了股票经济圈，成功地向中产阶级说明了投资股票是一项明智并且收益高的活动。

这并不是一项简单的任务。一般人在20世纪20年代并未参与到牛市之中，却对大萧条有着太深的记忆。大多数美国人对股票不感兴趣，因为缺乏广泛的投资者基础，许多没有经验的公司不敢奢望获得融资。银行和债券市场都对初建企业避而远之。债券的购买者在这个时期也不敢将筹码压在有创意却没有实操经验的企业身上。大部分已创立的投资银行在决定将客户的钱花在何处时会变得极其保守。机构投资者对更广泛的所有权或更多的金融创新也没有兴趣。当梅里尔在第二次世界大战后着手发起"人民资本主义"运动时，只有11％的美国人拥有股票。在20年内，这个数字增长到了每六个美国人中就有一个持有股票，股民人数达到了3 090万。[25]

在小型新建投资银行和区域性公司开始认购当地新兴产业股票时，梅里尔开始行动。伴随着合并交易在20世纪20年代的消亡，纽约证券交易所登上了舞台的中心。然而，场外交易市场（之后在1953年被改造为美国证券交易所）获得了更多的尊重，尤其是发行新公司股票的二级市场。有超过30个有组织的交易所出现在纽约城以外的主要城市，重要的场外交易市场也加入其中。新的可靠的商业信息来源越来越有效。A级普通股——第一次世界大战时的创新——在50年代得到快速普及，它为投资者提供非累积的无投票权的股东分红。这样设计的A级普通股需要公司表现的新信息、投入新合同的现金流量以及对其表现进行监督。[26]

到50年代，普通股的发行更加成熟，年轻公司和新建公司唯一可得到资金支持的方式是最早期形式的私募基金和风险投资。在这些市场发展过程中的两位开创性人物分别是乔治·多里奥特（George Doriot），从前供职于哈佛商学院，以及麻省理工学院校长卡尔·康普顿（Karl Compton）。他们在美国研究与发展公司创建的同时，成功地开启了风险资本产业的序幕，成立了一个市场定位倾向于个人投资者的公开交易的封闭式基金。

多里奥特拥有可以嗅出最有前景企业独有气息的鼻子，他发现了两个打算创办生产小型计算机公司的人——肯尼斯·奥尔森（Kenneth Olson）和哈兰·安德森（Harlan Anderson）。他们没有钱，没有信誉，很显然，他们进入电子设备业的希望十分渺茫。但是多里奥特却很愿意帮他们一把。1956年，他欲投资7万美元换取公司60％的股权，奥尔森和安德森急切地同意了。

1958年，第一个风险资本有限合伙团体成立了：德雷珀，盖瑟和安德森。那些初创公司很快就有了另一个选择：由联邦政府担保的小企业投资公司计划。很快，股本和举债收购的比例加大，试图解决商业金融的基础性问题：非流动性、不确定性、信息不对称性和商业自身的宏观经济周期。[27]他们之所以这样做，是因为需要向踊跃的投资者提供报告；要做的事情包括对经营的严密监控，董事会积极地参与以及通过调解保护少数股东和债权人双方的利益。就像人造卫星的出现激起了政府对新技术公司的新一轮投资。[28]

首次公开募股成为新老企业进入资本市场的又一重要工具。1956年，福特公司通过发行1 000万股股票筹集了6.58亿美元的资本。[29]首次公开募股发展十分迅猛，并在1960年成为新的潮流。

起初，资深投行的投资只会涉及那些拥有五年以上成功运作纪录的公司。这些银行有足够高的信誉保障，并且不会要求企业迅速支付一次性利润。之后，伴随着业务的迅猛发展，承销商开始兜售评级低的商品。[30]他们通常是那些小本短期经营的销售商，而非银行家。他们的经营绝对合法，只是实际操作不太可靠。投资银行吸纳的首次公开募股直到20世纪80年代高科技股繁荣时才出现。

首次公开募股热潮退却是在1968—1969年一次牛市触顶后发生的。初创公司再一次陷入了融资困难的境地。但这一次这种情况被持续增长的风险资本所缓和。到 20 世纪 70 年代，风险投资已经成为新兴产业的有前途的公司重要的资金来源。

公司融资从衰败走向革命

20 世纪五六十年代，通货膨胀率比较低，利率水平比较稳定，美国很少面临国际性的竞争，故对于公司经理来说，财务计划并不是需要考虑的首要问题。融资——对于很多公司来说——比配平公司账目复杂不了多少。

然而，这个卓越的时期为将来金融创新高水平理论的思考奠定了基础。1958 年，弗兰科·莫迪利安尼和默顿·米勒教授（两位都是后来诺贝尔奖的得主）发表了一篇突破性的文章，题目叫做"资本的成本，公司融资和投资理论"。莫迪利安尼-米勒理论设想在完美市场条件下，一家公司的价值与其资本结构是不相关的。这个理论开辟了一条探究资本结构的新道路，直到历经一代人后，研究员们依然在分析真实世界中的摩擦是如何影响理论中理想化假设的。

20 世纪 60 年代初期还出现了资本资产定价模型，它是一个凭借预期回报率和风险溢价因素为有价证券定价的理论，蒙特卡罗法则采取将不确定的变量移动到模拟的结果中并取平均结果的方法确认复杂工具的价值。这些概念上的突破（以及 1973 年引入的为新兴衍生品市场奠基的布莱克-斯科尔斯期权定价模型）在本书第二章中有详细的解释。它们的出现极大地增加了公司融资和技术改革的可能性。

我们将目光投放在理论以外的地方。真实世界中的金融创新的前进步伐在 20 世纪 70 年代急剧加快，成为一场激烈的经济衰退的导火索。

伴随着股票市场的崩溃，利率飙升，能源价格飞涨。

许多公司不得不进行重组以求生存，其余的则盼望利用新技术摆脱困境。当1974年经济开始衰退时，银行将所有的贷款发放给最大的和利率最高的公司，然而那些最具创新精神、资本回报率最高、成长速度最快的公司却倒闭了。这种对资本的抑制成为公司融资又一次发展的诱因。

在布拉多克·西克曼（Braddock Hickman）和他人的研究基础之上，金融家迈克尔·米尔肯（Michael Milken）发现，低投资级别的债券可以比中等投资级别的债券获得更高的风险调整回报，他意识到，作为对违约风险上升的补偿，投资者会获得额外的高回报债券的补偿。[31]他迅速建立了一个为富有创造精神的市场提供高回报债券，以便增强公司的财务实力和其在变幻莫测的时代保持资本结构灵活性的能力。

高收益债券（被轻蔑地称为"垃圾债券"）并不是一个全新的概念，但在20世纪的大部分时间，它的市场都是低迷的。在70年代前，实质上所有新公开发行的债券均为投资级——只有大型的蓝筹股公司被划分到这一类型。到这个时期为止，唯一公开发行的垃圾债券是那些曾经是"投资级"但如今已成为"坠落的天使"的债券，它们因发行公司遭遇金融困境而被下调了评级。这些债券的利息并不高，但是由于其售价可以低至一美元以下，它们的回报还是很诱人的。公司认为投机级别的债券被有效地排除在资本市场外，并强迫其倚靠更昂贵和约束性强的银行债务和私人资本（包括将债券直接出售给像保险公司这样的投资者）。

米尔肯觉察到，坠落的天使型和存在诸多问题的有价证券可以有广阔的用途：它可以被用于为那些单纯需要进入资本市场的蒸蒸日上的公司创造证券。毕竟，成千上万的公开交易的公司（事实上，95％公开交易的公司收入在3 500万美元以上）并不都是通过公司债券市场得到服务的。[32]

　　"垃圾债券革命"始于 1977 年，那时，避开债券市场贝尔斯登公司
（Bear Stearns）发行了第一种新型垃圾债券，德雷克·伯纳姆·兰伯特
（Drexel Burnham Lambert）为七家公司开发了一种新型高收益债券。公
司可以在其刚成立时就发行低于评级投资级的债券。

　　由于高回报债券被认为比其他类型的债券风险更大，它们通常承诺
比投资级的债券支付更高的利息。投资者们慢慢，明白随着时间推移，
垃圾债券实际上胜过投资级债券，于是他们大批地投入这个新市场。
1979—1989 年，高回报债券市场扩充了近 20 倍，其市值达到几乎 2 000
亿美元。[33]垃圾债券成功地为许多制造业公司重组进行了融资，其中包
括克莱斯勒公司。[34]虽然之后将这些工具应用于恶意收购最终产生了强
烈的负面效果，但高回报债券为公司的增资、扩张和生存发挥了基础性
作用。[35]

　　传统上，根据金融工具是否与债券和股票相关，可以将它们分成不
同的类别，但在最近的几十年中，这种区别变得不那么明显了。公司债
券市场的变化和固定收入资产类别中结构性融资的增长让管理公司资本
结构的方法变得十分灵活，大量帮助公司降低资本成本和规避各类风险
的产品也应运而生。

　　带认股权证的债券提供了一个很好的例子。公司可以交换这些混合
型有价证券（混合了股票和债券部分）来换取想要得到的资产。这类工
具最初于 20 世纪 60 年代被用于处理诸如洛思剧院和烟草生产商罗瑞拉
德之间的交易。这笔交易涉及在 15 年内交换 4 亿美元洛思公司的资产，
利率为 6.875% 的债券和 650 万份认股权证。[36]在 20 世纪 60 年代末和 70
年代初，完成的这种类型的交易几乎有 15 亿美元。[37]

　　80 年代初，经济开始恢复增长，尽管股票价格有所上涨，但仍大大低于重置成本。公司都在犹豫是否发行新的普通股，因为这有可能稀释现有股东的股份。利率虽然有所下降，但是从历史的角度看依然维持在高水平，这使得长期借款失去了吸引力。[38]带认股权证的债券被证实是解决这个窘境的好工具。由于在当下的市场价格之上它们可以被操作，这让持有人很愉悦；它们实质上是在允许公司在长期内偿还贷款的同时减少了借款费用。

　　到 1983 年，很多非投资级别的公司都选择发行带认股权证的债券；逐渐地，它们通过这种手段共筹集了几乎 30 亿美元。[39]金块公司通过这些工具在 1983 年获取了用以投资到经营中的 2.5 亿美元；三年后，美国米高梅电影制片公司通过发行利率为 10％的带认股权证的债券获得了 4 亿美元，以此为获得联美公司的银行债券筹集资本。[40]

　　美国微波通讯公司是这一时期此类交易的最大代表之一。它的管理已被无休止地筹集短期资本去建造一个长距离网络的野心所吞噬。可是，1983 年，公司发行了面值 10 亿美元、期限 10 年，利率为 9.5％的带认股权证的债券，实质上其利率比同期发行的美国公债要低。现在公司已经有足够的资本和自由将精力放在创建一个光纤网络上，尽管它所带来的利润要在将来才能实现。[41]

　　和美国微波通讯公司一样，其他增长型的公司也需要为建造新技术设施融资。它们需要选择正确的资本结构才能生存和兴旺。无息债券、实物偿还和分割销售债券的出现为融资任务提供了新工具。这些债务证券以低于其面值的价格出售，因为它们不能保证支付固定的现金利息。利息实则是在到期时间和信誉质量的基础上计算的。购买这种债券的人随着证券的增值获得回报，赚取到期日时面值和购买价的差价。在实物偿还的例子中，发行商给予购买者选择额外的证券或者现金支付的权利，灵活地调整了企业需要的现金流量。

1981 年 4 月，J.C. 彭尼（J.C. Penny）发明了一种公开发行的零息债券。[42]这一证券伴随着存在的时间而获得税收利益，这增加了这种工具的使用人数。尽管当公司开始大规模利用这个工具时税收漏洞已被填平，零息债券市场依然因为其规避再次投资的风险特性被投资者所青睐。投资银行顶替政府债券最先满足了这一需求，但这一角色最终还是被政府所取代。[43]

像麦考移动通信、特纳广播公司、维亚康姆这样的公司，耗光了自身的现金流分别去扩充移动电话网络、有线电视节目和有线电视系统。为了成功融资，它们将目光投向高回报市场。1988 年，麦考移动通信公司折价发行了 25 000 万美元、期限为 20 年的可转换证券，免付利息 5 年，这一举措为其扩张提供了现金支持（该公司在 1994 年与美国电话电报公司合并）。特纳广播公司发行了 44 000 万美元的无息债券，到到期日时推迟了利息支付。维亚康姆发行了 3.7 亿美元的实物偿还证券，与支付现金，支付利息或者额外的证券相比，这样保证了其现金流的灵活性。[44]时代华纳、新闻集团和其他采用相似融资策略的公司改变了人们使用媒体、通信和信息技术的方式。

商品挂钩证券在这一时期也十分流行。1980 年，阳光矿业公司发行了第一支用白银支付的商品指数证券，期限为 100 年。[45]通过将这种证券和白银的价格联系起来，阳光矿业能够比直接发行债券少付一半的利息（比当时美国国债支付的利息少 3％左右）。当白银价格上升的时候投资者们分享利润——在各种回报点支付的利息相当可观。与此同时，阳光矿业成功降低了长期资本的成本。

所有这些公司发行的高额回报债券都涉及某种形式的风险再分配。零息债券使得利润在其发行生命周期内有效地被重新用于投资。

凭借可调整利率的票据和浮动利率票据，发行人可自由掌控利率风险，相比之下，商品挂钩债券则规避了价格和汇率风险。如果利息或本金的支付和公司的收入相关联，通过构造证券可以降低现金流波动的程度；债务偿本付息的期限由公司勉强能承担转变为公司有能力承担。同样，货币风险也可凭借诸如双币债券、指数货币期权债券、本金与汇率联结证券和本金与汇率联结反转证券这样的工具被掌控。

信息处理技术的出现（例如信用评分）和资产定价模型（例如资本资产定价模型，它使得对一项固定的金融资产的分析同整个股票市场的风险和回报率相联系）催化了产品流动性的提高。被附加在债券和票据上多种多样的特性，降低了代理成本、交易成本，也克服了税赋和监管瓶颈。这股气势非凡的开创高额回报债券市场的浪潮最终带来了许许多多关于优先股、可转换债券和股市创新的新思想。[46]

私募基金兴起和融资收购的十年

私募基金在 20 世纪 80 年代进入全盛时期。乔治·芬（George Fenn）、内尔·梁（Nellie Liang）以及史蒂芬·普劳斯（Stephen Prowse）认为，这是由于作为组织私募股权合伙制的重要手段，有限合伙制被广泛采纳。多亏了这种组织创新，一度只出现在富裕家庭和工业公司范围内的私募股权，现在由专业经理人作为普通合伙人来掌控（主要是以机构投资者名义参与的有限合伙人）。这一合伙关系形式依赖强有力的动机来解决极端的信息不对称和诱因问题。1980—1995 年，投入到有组织的私募股权市场的基金由 40.7 亿美元上升到超过 1 750 亿美元。[47]

私募股权公司采用广泛的策略。最众所周知的是强行融资收购（本节稍后会作讨论），它们会投资从不良债券到不动产的任何东西。风险投资可能是私募股权中最重要的一种了。芬、梁和普劳斯认为，私募股权的成长促进了更多基金的流动，不论对于初创公司还是已经成立的私人公司都是如此。[48]1980—1995 年，风险资本从 30 亿美元显著地增长到了 450 亿美元。风投成功地为很多美国最有创新精神企业的崛起完成了融资，包括基因泰克公司、微软公司、甲骨文公司、英特尔公司和太阳公司。诚然，风投对美国能够成为高科技产业领军国起了至关重要的作用。尤其是在生物工程和计算机领域。[49]

无风险私募股权在 20 世纪 80 年代也得到了充分的发展，尤其是当风靡一时的融资收购占据商业媒体头条的时候。其高潮的标志是科尔伯格·克拉维斯·罗伯茨公司（KKR）以 310 亿美元的价格收购了纳贝斯克。在这种类型的收购兼并中，金融保荐人或者私人股权公司会通过大量的债务来购买目标公司，有时用目标公司的资产作抵押品。融资收购、管理层收购以及员工收购，能够引起公司的大幅整顿以带来极大的效率提升和竞争优势。[50]尽管融资收购在 20 世纪 80 年代繁荣发展，但在这个十年将要结束时，激烈的竞争降低了交易的盈利性，因为越来越多的资金需要被强制支付给其他公司。这引发了融资收购的数量在几年内大幅下降。

融资收购的增长推动了另一项关于公司管理的创新。[51]为了应对这一时期与日俱增的恶意投标，许多反收购技术得到了发展。起初，这些涉及修订公司条款，例如绝对多数投票规定，它要求收购议程得到 80%

股东的赞同。另一个例子是错开董事会成员任期，将实际控制权的转移推迟几年。

公司条款修订的一个重要特性是需要得到股东的认可。1982年，另一种反兼并防御得以发展，保护了厄尔巴索公司免遭一场突袭：发行那些被称为"毒丸"的证券。该类证券有很多变种，包含优先股计划、翻转计划和后端计划。

优先股计划直到1984年才被用做阻止收购的工具。凭借这些，潜在的目标向它的股东发放可转换的优先股股息，如果一个收购方购买了公司的一大部分，就要保证股东的认股权（曾有一个计划的规定为30％）；董事会可以选择放弃这些认股权。优先股的持有者可要求公司外人士以去年普通股或优先股的最高价赎回这些股票。如果一个并购发生了，收购方必须将优先股换成一定会发行的等额的有价证券。这些优先股计划通过降低股东早期出价的积极性来增加侵入者收购企业的难度，因为企业总能获得最高报价。

克朗·泽勒巴克（Crown Zellerbach）在1984年7月将第一个翻转计划作为毒丸推出。执行这个策略的第一步是发放含有特殊形式"权利"的普通股股息。这赋予了持有者以远高于股票现价的预购价格来购买股票的认股权。它可以在一个外部组织获得或投标了目标公司大量股票（如20％）的10天后开始预购，其有效期最长达10年。通常没人愿意预购这些认股权，因为预购的价格远高于市场上任意一个可能的价格。但是无论如何，如果并购发生了，它们会立即反过来允许持有者以一个很大的折扣购买被兼并企业的股票。这使得恶意收购者耗资巨大，但是友好的并购者仍然是有希望的，因为一家公司可以按票面价格重新购回认购权，除非他们已经被"引爆"。

后端计划也在 1984 年被引入。当想要收购一个目标时，公司经常做出一个双重的投标：他们首先为大部分股票支付一个高价，随后用表决权来迫使并购在一个低水平价格下进行。这样一来，剩余的股东就会比最初投标的股东陷入更糟糕的情况。这种情况对股东投票是一个刺激。后端计划与翻转计划相似，不同之处在于，收购方必须在双重投标的第二部分支付最少量的认股权。

金融创新在 20 世纪 90 年代和 21 世纪的巩固

在 20 世纪 70 年代和 80 年代的快速发展后，为公司进行的金融创新脚步放缓。前两个十年里在公司融资方面已经发生了小的改变却没有革命性的进步。[52]许多新工具都是由金融机构发行的结构产品，而非为了公司筹集资金而发行的新证券（例如，建立在单独公司股票价格基础上的结构化股权产品中期票据、股票指数、多重指标分析）。在这期间，大多数真正令人兴奋的创新集中在住宅信贷和环境金融领域（这些主题将随后的几章中讨论）。

但是，商业金融中也有一些值得注意的发展。其中最为重要的就是从消费者贷款到小企业贷款的信用风险评分技术的拓展。信用评分包含分配给借款人一个单纯的量化指标来表明他们的信誉价值。起初，人们认为商业贷款种类过于繁多以至于不适合信用评分，但是后来证明，小企业拥有者个人的信用纪录在预测其 10 万美元以下的还款表现方面非常有效。这个方法的应用显著地改变了小企业为自己融资的方式。[53]

另一个重要（并且很快会臭名昭著）的创新是信用违约互换（CDS）。这些方式允许投资者购买保护或者保险，以防违约。与交付常规保险费相比，如果公司在自己的债券上违约，它会支付一笔补偿。可是，信用违约互换并非局限于公司债务。它们还可以是针对各种机构发行的政府债务和其他债务（包括按揭证券）的。摩根大通公司在 20 世纪 90 年代中期发明了信用违约互换。第一笔交易涉及将埃克森公司的信誉风险出售给了欧洲复兴开发银行。[54]

信用违约互换的"传播"是购买者必须每年向出售方支付保费，直到合同结束或有违约情况发生。它被表示为名义保费的一个百分比。价值为 1 亿美元的公司债券的保护性价差若为 1％，则意味着每年买方需向卖方支付 100 万美元。一旦公司发生违约，按照信用违约互换约定，出售方需向购买者支付的费用为 1 亿美元减去当偿还费用发生时债券的价值所剩的金额。

信用违约互换最大的好处就是允许信用风险被回避。例如，持有者持有一个团体或公司的债券，他们确信不会违约。不幸的是，CDS 依然为投机提供了一个诱人的机会。CDS 市场很快膨胀，在 2007 年底，所有的 CDS 未偿付的名义金额达到 62 万亿美元。[55]

在 2008 年爆发的金融危机中，信用违约互换因放大了系统风险而受到严厉的批评。一个主要的 CDS 出售方是保险行业的美国国际集团。当它的资本因它持有的债券期货贬值而损失时，公司的信用等级会下降。根据 CDS 合同，当这种情况出现时，公司需要绑定足够的担保物。这个条件往往很难达到，还不如让 AIG 违约，政府出面接管过来。最后，还是在联邦政府的紧急救助下，AIG 才支付了 1 050 亿美元的相应补偿费。[56]此举引发了强烈的抗议，但政府不得不采取行动以遏制 AIG 违约带来的系统性风险——AIG 信用违约互换可能导致其他持有者的连锁违约。经济系统整体垮台的危险看起来实在太大了。

CDS市场的未来还不清晰。在2009年前半年后期，名义上未偿还的资金总额已经缩减到31万亿。[57]然而，抛开AIG的彻底惨败不谈，信用违约互换却很合理地运行着。当信用违约互换发生在雷曼兄弟身上时被很顺利地解决了——还有其他11宗引发赔偿的信誉违约互换事件也是如此。[58]

在金融危机前，由于2000年商品期货现代化法案的出台，CDS市场在本质上一直未受管制。这一点无疑会改变。已经有许多将CDS市场交易转变为在交易所交易的诉求，其目的在于提升对手风险的透明度。CDS市场可能会以某种形式存活下来，但很可能回不到2007年时的巅峰状态了。

媒体经常特别指出，信用违约互换是金融危机的肇事者——但它们只是单纯的产品，不应将其与滥用它们的人相混淆。新型的金融产品有时会失败，这是一个简单的事实。但至少，它们呈现出了一条学习曲线，也许只是需要被精心改良。但是很多批评家走向了另一个极端：提出只有倒退回从前才能阻止危机。在我们看来，不应让这种想法得逞。持久长期的成长需要持续的金融创新，这样小企业和大企业都能获得他们需要的、供其成长和繁荣的资金。

结　论

在之前的几十年里，公司融资的复杂性已经上升到一个新的层次。然而，对于所有被投放到工作中的高端的计算机模型和精确的数学公式来说，能设计出帮助公司融资的方法仍可被称为一门艺术。就如这章中所介绍的，其中一位创新家迈克尔·米尔肯曾经说过的：

没有最佳的资本结构——$X\%$ 的股票和 $Y\%$ 的债务——能够被应用到不同的机构，或者在不同时间点的同一公司。正像你不能把一美元钞票放进复印机里就挣到钱一样，你同样不能单纯地复制曾为解决某个具体公司面临的问题而创造的融资技术，并想把它应用到另一个时间点或另一家公司……金融是一个有着无限变化和混合的连续体。只有对公司所处环境和可行的能创造持续增长的工具有深刻的理解，才能回报股东并提供就业机会。[59]

找到正确的变量去适应不同的情形，以便让创新型初建公司成长为成功的公司的过程大不相同。这不仅仅等同于一项有利可图的投资，更可以产生持续的价值。

美国经济发展是和商业融资的发展密不可分的。这是一部企业集权的编年史，为市场开创了新产业，带来了技术上的突破。创新的融资策略让公司有能力面对一系列的挑战，从修建横跨一个大陆的铁路到在信息空间中创建一个革命性的商业系统。

在这个错综复杂的领域中迷失方向是有可能的。商务金融是一个移动的目标，它会不断地演化以便跟上新市场、新需求或者变化的脚步。但在今天，当我们试着摆脱大萧条带来的停滞时，一切都归结成一个简单的目标：使公司能够创造就业，恢复经济繁荣。

4

房地产金融创新

从历史上看，房地产已被证明是最危险的资产类别之一。安全地促进获得可负担得起的住房是金融创新的持续目标。

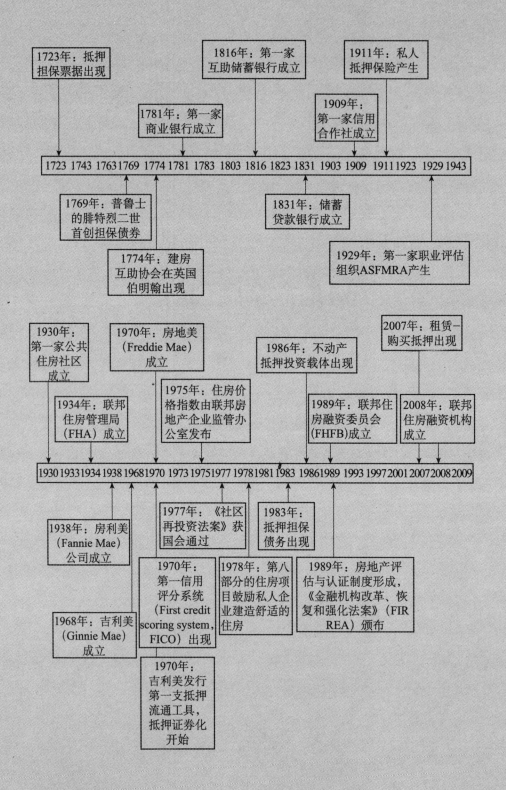

在美国，无论是什么样的阶层、种族和人种，其住宅拥有率在 21 世纪的头六年都达到了空前的高度。在繁荣时期，有让人眼花缭乱的抵押贷款产品可供美国购房者选择。其中有许多新颖的产品：固定或浮动利率，锁定贷款利率，资产重置率，期限和偿还期限的新选择，只付息贷款期权，提前偿还补偿费，可处置的房屋净值贷款。

但是，我们也感受到了前所未有的痛苦。因为许多新的抵押贷款有其严重的后果，那些由金融和社会政策取得的成就，如居者有其屋，注定是短暂的。危险的杠杆水平最终淹没在房地产金融市场中——抵押贷款，被证明是煤矿里的金丝雀，警示着更大范围的金融危机即将来临。

当分析师和专家质疑为什么我们的监管体系在监管和控制资产泡沫上没有发挥作用时，墨水已经溢出海洋。在如今错综复杂的新世界中，我们的金融体系被证明是不充分的，很明显，我们需要新一波的金融和政策创新来阻止悲剧重演。

美国房地产金融创新历史

人口的增长和社会的发展导致对住房产生巨大的需求，金融创新与之保持同步。扩大住房供给（让大部分人能够解决住房问题）已经成为工业化经济中促进更大经济发展和社会流动性的关键。如果过去能为未来提供模板的话，为应对当前金融危机而出现的创新将会把恢复和维持住房拥有量作为关键，这并非没有道理，但也不是唯一的办法，它只是收入和财富创造的一部分。

拥有住房的梦想与资本民主化和经济及社会流动性的观念融合在一起，成为一个拥有者一直以来都是美国梦的一部分。在美国，自 1785 年的《土地法令》（the Land Ordinance）和 1796 年的《土地法案》（the Land Act）颁布以来，政府以低价的形式向移民提供帮助。[1]其他法令相继出台，例如 1841 年的《抢占法案》（the Preemption Act），该法案允许未来的移民抢占大部分测量的土地并且可以以每英亩 1.25 美元的最低价格购买 160 英亩的土地。

倡导将中西部、大平原的土地分配给移民去种植的家园运动，与杰斐逊主义者的想法是一致的。[2]在当时这种占领被认为是合规的，这给潜在的移民提供了一个开放的机会。这个过程的关键是通过抵押贷款（实际上这些工具自 12 世纪起就在使用了，当抵押贷款刚出现的时候，它是字面上的"死承诺"，即若债务没有被偿还就要没收一部分有价值的物品来抵押。无论是借款人违约了，财产被没收；还是贷款被偿还，承诺终止，这都是"死承诺"[3]）。

1862 年，林肯总统签署了《宅地法》（the Homestead Act），依照该法律，任何美国公民或打算成为美国公民的人，凡身为家长且年满 21 岁的，都可以获得 160 英亩的土地，经营 5 年后可以获得对其土地的拥有权并能免费注册。此外，6 个月后可以按每英亩 1.6 美元的价格获得该土地的所有权。

林肯在将资本所有权和劳动生产率相结合方面有很强的伦理视角；正如埃里克·福纳（Eric Foner）所写，林肯的政策目的是创建免费的土地，免费的劳动力和自由的人。"审慎的人们，刚开始身无分文，为工资而努力工作，节省剩余的工资为自己购买工具和土地……最后雇佣他人来帮助他。这为公正、慷慨和繁荣的系统……开辟了道路。"[4]在林肯的许多经济政策中反复强调广泛获得资本这一主题。

伴随着工业的崛起及社区内融资需求的增加，从家园建造到房屋所有权得到了快速的发展。房产金融起源于 19 世纪两个早期的制度创新：互助储蓄银行与建房和贷款协会。互助储蓄银行由储户而不是股东所拥有；任何收益都属于储户，并且储户的存款通常投资于安全的项目，比如早期的市政公债。相比之下，建房和贷款协会明显促进了住房拥有率的提高。建房和贷款协会成立公司，由会员作为股东拿出资本，这些资本用来为住房建设提供贷款。[5]

满足房地产融资日益增长的需求

渴望住房最终成了美国梦的一部分，这一愿望最初兴起于 19 世纪的移民工人阶级。随着时间的推移，拥有住房意味着拥有身体上和经济上的避难所。到了 20 世纪，拥有住房已成为中产阶级身份的显著标志，这也是低收入家庭为之奋斗的目标，以此来增加收入和提升经济上的安全感。[6]需求结构的变化往往导致金融创新，这一变化出现在 20 世纪早期随城市化和人口迅速增长而兴起的房地产市场。

这一长期趋势导致资金需求的稳步增长，但偶尔会因为一些紧急事件而中止，如 1871 年的芝加哥大火和 1906 年的旧金山地震。这些事件导致对住宅建筑的监管和商业银行的创新实践来促进房地产市场的扩张。

旧金山地震过后，美国银行（最初的意大利银行）的创始人贾尼尼重新整改商业银行以鼓励新客户进入农业、商业和房地产市场，这些客户之前一直被拒绝提供贷款。贾尼尼决心使商业银行民主化。一开始，他专注于小额储户和贷款人，向大众开放银行业。他吸引储户存款并确保当地商人知道意大利银行准备亲自为他们提供服务和贷款以及创新性的住房抵押贷款。[7]

现代抵押贷款、抵押贷款保证保险和住房的发展作为一项政策目标是 19 世纪的精神家园运动的自然延伸。但在贾尼尼和新的担保系统之前，抵押贷款的融资范围有限，它伴随着一些在今天看来不合理和抑制性的条款：高首付、可变利率和短期限（5～10 年），当抵押期结束时，所有未偿贷款也要立即支付。[8]

尽管有这些融资约束，住房总数还是从 1890 年的 1 000 万套增长到了 1930 年的 3 000 万套，尤其在 20 世纪 20 年代的繁荣期增长较快。然而，较高的贷款利率表明市场的融资能力有限，也表明借款机构在抵押贷款的问题上相对缺乏对冲利率风险和违约风险的能力。波动（价格波动）和全国性住房资本市场的缺失导致购房者高昂的购房成本以及周期性的波动，这一风险由大量的投资者承担。现有的住宅房地产市场变得饱和，无法为新项目提供资金，从而限制了增长。[9]

第一次世界大战结束时，一项"拥有自己住房"的运动被发起以奖励退伍老兵，为他们建设家园提供资金支持。到 1932 年，由赫伯特·胡佛（Herbert Hoover）监管的"联邦住宅银行贷款"被创立以重组储蓄业，并基于联邦储备系统建立一个储备信用模式。

在富兰克林·罗斯福担任总统的第一年，房地产市场——像经济中的其他部门一样——处在一个恶性循环中，在城市，房屋抵押贷款违约率在 50% 左右。许多实力不够雄厚的私人按揭保险公司在大萧条期间破产。要恢复市场信心，吸引私人投资者重返股市，全面的政府干预是必要的。联邦政府从来不从事长期抵押贷款业务，而是创建机构来发挥抵押贷款市场的功能。[10]

罗斯福政府开始了改革。最初，政府提供联邦的特许给现存的私人储蓄和贷款团体，也给了他们把资金用于抵押贷款的任务。政府还确保存款的安全，创建联邦存款保险公司（FDIC）稳定银行业并鼓励储户将他们的资金投入抵押贷款机构。政府制定了抵押贷款保险计划降低银行所面临的风险。那时还建立了房屋所有者贷款公司（后来被房利美取代）、联邦住宅管理局（FHA）和联邦国民抵押贷款协会（FNMA）来增加抵押贷款的供应和减少信贷准入方面的地区差异。这些举措，加上联邦所得税法规定允许房主上税时扣除抵押贷款利息和财产税，导致有房者数量大增——从1930年到1970年之间房屋所有者数量从48％上涨至63％。[11]

抵押贷款融资系统的特点是长期、固定利率、分期偿还贷款（主要由储蓄和贷款团体以及互助储蓄银行提供，互助储蓄银行的资金来源于短期存款账户里的基金）。这的确是抵押贷款的第一次革命。[12]

社会政策和金融目标融合进一步刺激了随后几十年内的创新。第二次世界大战后，随着数以百万计的士兵纷纷回家，他们释放出了原本被压抑的巨大的住房需求。不久，出现了"婴儿潮"和向郊区转移的大迁徙。对住房金融的需求很快超过了存款机构和政府的能力。逐渐地，资本市场出现了解决这个问题的方案，包括强化贷款人资金流动性的创新。房利美于1968年转化为私人股东控股公司，两年后，房地美成立。这些政府资助的企业（加上吉利美，这家企业依然在联邦政府的控制下）大大增加了在美国二级市场上抵押贷款的流动性、均匀性和稳定性。传统的抵押贷款的资金来源于储蓄机构和商业银行，现在资金来源发生了改变。通过依靠抵押贷款支持的可兑换的证券和越来越容易获得资金，而这些可兑换的证券是可以在二级市场上交易的。

储蓄和贷款危机

导致大萧条后遗留的监管不足问题的关键是政府关于借款机构存款利率上限的规定。事实上，相关条例一直保留到20世纪80年代早期才最终被废除。它最终导致银行和储蓄机构的"非中介性"，或者由于市场短期利率高于银行能支付的最高利率，储户便会突然将他们的存款取走。

储蓄和贷款危机是由使用短期存款为长期的抵押借款提供资金造成的，期限错配困扰着这个行业，使之经历了一些系列的金融危机。没有可以选择的资金来源，损失的存款限制了新的购房者可利用的信贷，储蓄也限制了市场借助新的储蓄工具（如共同基金、债券或货币市场账户）进行支付的能力。

到了 20 世纪 60 年代，存款机构募集长期的固定利率抵押贷款的能力也受到通货膨胀的影响，通货膨胀推高了名义利率并影响了这些机构的资产负债表。在 70 年代和 80 年代的后期，期限错配的问题大爆发，最终导致了流动性危机和破产，这次危机便被统称为"储蓄和贷款危机"。这一时期的危机是由于存款保险的不当设计、错误的监管、限制利用投资来对冲利率风险和信用风险引起的。70 年代后期，（由于美元对其他货币升值造成的）利率迅速上升导致了利率期限结构（收益曲线）的扭曲，这种扭曲产生了损失。1979—1983 年，始料未及的两位数的通货膨胀率再加上美元贬值产生了负的实际利率。随着金融机构扩大放贷的规模和它们的资本充足率下降，行业条件进一步恶化。[13] 货币政策收紧，短期利率猛升，贷款被压缩，最后危机爆发了。储贷监管限制放大了危机，数以百计的机构由于美国的高税收而倒闭。

房地产金融格局的证券化改革

储贷危机给美国抵押贷款市场造成了一个重大的结构性挑战。募集短期负债的内在危机和长期资产利率波动的市场给大众上了很好的一课。从历史上看，对住房抵押贷款银行使用了"贷款并持有"模式：最初的机构贷款基于仔细进行尽职调查，然后提供服务并在其投资组合中持有这些贷款。但自 20 世纪 70 年代开始，证券化（"贷款并证券化"模式）诞生了。在这种新的模式下，银行的贷款被打包成证券，在二级市场出售。一旦贷款人凭借资产负债表的数据获得贷款，那么他们将获得流动性，就能够以较低的成本向消费者提供额外贷款。

1970 年，吉利美首次发行抵押转手证券（给予投资者在抵押贷款池的利率，通过对本金和利息的支付，定期提供固定收益）。到了 80 年代，房地美引进了抵押担保证券（CMOS），它把一系列集中的抵押贷款的支付与不同期限的贷款和信用风险支付区别开来；这些可以出售给那些需要特定的时间跨度投资和不同风险偏好的机构投资者。对于企业而言，它成为与不同等级投资工具的类型相关的风险或国际货币基金贷款划分的部分：优先股部分、债券部分和股权部分，每一个部分都有相应的信用评级。各部分的风险并不相同；比如，股权部分有较大的违约风险，因此有更高的回报率。

国内以及国际机构投资者购买了这些证券化的抵押贷款，向房地产市场引入了新的和更广泛的资金来源。从 1980 年到 2008 年第三季度，被证券化的住房贷款的份额显著增加（见图 4—1）。

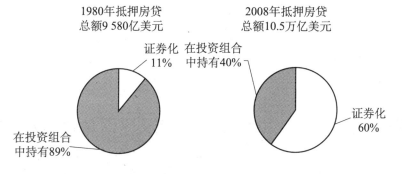

图 4—1　抵押贷款模式表：从贷款并持有模式到贷款并证券化模式

证券化的兴起使数百万美国人获得了抵押贷款并购买了住房。证券和具有流动性的衍生金融工具市场缓解了风险的蔓延。[14]

20 世纪 90 年代，证券化的势头真正强大之时，新的信息技术的引入大大提高了抵押贷款发行方收集和处理信息的能力[15]，也大大降低了贷款的发放成本，并且更容易获得有关信贷质量和抵押品价值的数据。如今贷款人与信贷局、产权公司、评估师、保险公司和服务商等能共享信息。据估计，随着数据处理量的增大和互联网服务的提升，抵押贷款行业的劳动生产率提高了 2.5 倍。[16]

尽管抵押贷款市场已经引入了信息技术，但"垃圾进，垃圾出"这句古老的格言仍是值得记住的。这些新工具的确很强大，其最终效果完全依赖于数据的准确性和输入数据的质量。在房地产市场繁荣时期，许多贷款人使用信息技术只是为了增加影响力，而忽略其帮助他们更仔细地剔除危险因素的能力。

尽管目前的抵押贷款存在危机，但证券化和金融政策的创新使得抵押贷款更便宜、更方便，同时提供了更广泛的住房市场。[17]在操作过程中，体制和监管障碍的减少使抵押贷款市场变得更有效率。然而，缺少一个关键因素：与激励挂钩。这将被证明是一个致命的缺陷，因为通过维持较高的贷款承销标准，发起人什么都没得到。这些贷款在资本市场上迅速被出售给结构化金融产品。协调借款人、发起人、贷款人和投资者的利益是一个亟待通过未来的金融创新来解决的问题。

当前房地产危机：发生了什么以及原因是什么？

从次贷市场的最初传言到政府前所未有的救市方案，美国金融部门的动荡从 2007 年开始对整个全球经济产生了影响。联邦和州政府继续与适当的立法和监管措施作斗争。直到本书写作之时，金融机构、企业和个人家庭仍处在大规模的去杠杆化浪潮中。资本市场正设法解决竞争性的融资模式，美国住房市场仍然需要认真整顿。

房地产泡沫的成因是网络泡沫的破灭。为了缓解经济衰退，美联储大幅降低利率，出现了宽松的信贷时代。有大量外汇储备的其他国家被吸引到美国进行投资，并且美国国债仅提供微薄的回报，它们开始将证券化的抵押贷款作为一种提供更高的收益率的"安全"的金融工具。对这些证券的追逐一发不可收拾，而抵押贷款市场很快就出现了流动性泛滥问题。[18]

随着抵押贷款变得如此便宜而且容易获得，住房拥有率在 2004 年中期达到 69.2％的最高纪录（见图 4—2）。房地产价格也随之上升，全国各地均公布了客观的收益——包括每年以两位数疯狂增长的市场，如拉斯维加斯、洛杉矶、凤凰城和迈阿密。房地产被看成一项万无一失的投资，并向每一个人开放。

图 4—2　信贷繁荣推动住房拥有率达到历史最高

30 年固定利率贷款曾经是唯一的选择，但在 2000 年早期，伴随着收益率、分期偿还和付款时间表的新变化，非传统房地产抵押贷款开始出现。浮动利率混合型按揭贷款提供了短时间的固定利率，然后对抵押贷款的剩余期限进行定期重置。这些产品在正常的情况下能得到合法的使用，但是法规往往执行不当，特别是在信息不对称的典型例子中，消费者没有很好理解法规条款。

随着贷款证券化模型深入人心，贷款机构不再必须保留与抵押贷款相关的功能。这些机构不仅能出售贷款，而且可以与外部发起人和贷款服务商联系。很快出现了只收取手续费而不承担任何信贷风险的发起者。1987—2006 年间，经纪人创始抵押贷款份额从 20％上升到 58％。[19]

由于对风险不承担持续责任，发起者没有经济动机去确保借款者的信用良好。结果导致有不良信用记录的次级借款者或者没有能力偿还抵押贷款者都能获得贷款，并且当资金缺乏最终导致在价格下降时，他们深受牵连，这增加了他们的违约动机。这种不受约束的环境中出现了更高风险水平的借款者，贷款者和市场的复杂以及抵押贷款产品的扩散，导致次级贷款在 2001—2005 年间增长了近 4 倍，并且次级贷款的总额在 1995—2006 年间年平均增长率达到了 14％。[20]

如前所述，几十年来证券化确实成功地降低了住房抵押贷款市场的资本成本并增加了其流动性。但在繁荣时期，市场上出现了日益复杂和不透明的证券化产品，而底层估值、信用分析和相应的抵押贷款的透明度却恶化了。国际和机构投资者通过所有方式购买这些复杂的证券，并将风险广泛地传播到整个系统。

考虑到由历史低位利率和住房价格上涨引发的抵押贷款和流动性的巨大需求，银行进一步放松了放贷标准。新式贷款并不局限于次级抵押贷款市场，部分产品也出现在黄金市场和近乎优质的市场，对较优质的贷款人激励不当，最终也会呈现出拖欠率上升的局面。只付息贷款或需小额分期、不需分期、不需核查收入的贷款已非常常见。

可调利率抵押贷款（ARMs）的较低的初始月还款额吸引了很多买家，银行也因为可以将其利率风险转移到借款人身上而喜欢这些产品。如图4—3所示，ARMs的最大份额在次级贷款市场中。许多借款人和贷款人以房价将继续无限期地上涨为经营假设。只要房价一直上涨，神奇地创造出更多的股权，借款人就总是有时间在他们的ARMs利率上涨之前进行再融资，因此不用担心利率重置，并且照此下去，借款人有能力承受更高的月还款额。

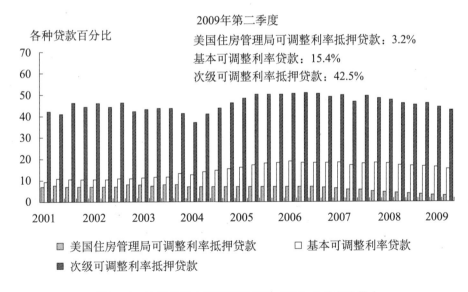

图4—3　次级贷款在可调利率贷款ARMs中的占比最大

绝大多数（2007年已达68％）的次级贷款已被证券化[21]，这意味着资本市场将巨大的信用风险转移给了投资者。复杂和高杠杆抵押产品的开发用以满足以下需求：债务抵押债券需求，可以是双重甚至三重债务抵押债券。这些证券的复杂结构和投资者熟悉感的缺乏，限制了投资者评估风险的能力。相反，他们严重依赖评级机构对潜在的贷款质量作出评估。

不当激励的另一个实例是：在评级机构从发行者那里收取费用时，固有的冲突破坏了评级过程。评级机构依靠和应用历史最低的抵押贷款违约率将 AAA 评级授予许多可疑的证券。当然纯正的评级是虚幻的，太多的适用贷款被高负债借款人所持有，而这些借款人错误地以房价持续上涨为假设来经营。我们期待修复系统，而其关键在于改革评级机构和补偿结构。

国会也要承担一定的责任。从 1992 年开始，它组建房利美和房地美以增加保障性住房的关注度。扩大住房持有率的初衷是良好的，但它最终却导致了意想不到的后果——这两家政府支持的企业开始承担高风险的投资组合。这两家公司没有直接发放贷款，但是它们把更大的资产流动性注入到了一个已经变得过热的贷款部门。甚至当问题变得明显，到了为时已晚的地步时，国会与住房和城市发展部监管机构仍未能控制房利美和房地美，直至 2008 年的秋季，才在纳税人承担巨大成本的情况下同时接管房利美和房地美。许多观察家认为这种监管是失误的，几年来房利美和房地美将数百万美元用在游说和竞选捐赠上。

对于愿意借鉴历史的人来说，严重的房地产泡沫是显而易见的。对于平均家庭收入和租金而言，房价中值比率已经发生了严重的扭曲，这些已向市场参与者和监管者发出明确的警示（如图 4—4 所示）。泡沫期间的房价增长太过出色而不可能持续下去。

一些观察人士也正确地观察到，一个危险的泡沫市场已经形成。2005年，保罗·克鲁格曼（Paul Krugman）警告说："美国经济已经深深地依赖

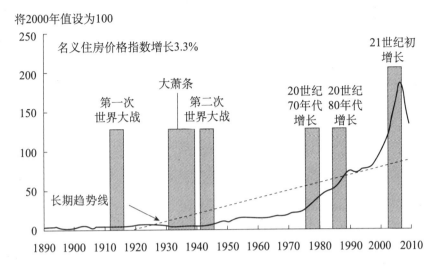

图 4—4　近期住房价格上升异常

于泡沫。"[22] 同年，据《经济学人》估计，住宅地产的总价值在发达经济体增长了逾 30 万亿美元，5 年内可超过 70 万亿美元，其增幅相当于这些国家的 GDP 总和的 100%。这种高速增长不仅快于任何早先的房价飙升，也超过了 20 世纪 20 年代末的美国股市泡沫（增长到 GDP 的 55%）。如《经济学人》所称："它看起来就像历史上最大的泡沫。"[23] 由于正确地预测了危机正在酝酿之中，经济学家鲁里埃尔·鲁比尼（Nouriel Roubini）赢得了"厄运博士"的绰号。一位套期基金经理人在 2007 年赚取了 37 亿美元，正如《华尔街日报》所言，他的获利方式就是"赌上他所持有的所有抵押贷款和复杂金融产品"[24]。但令人惊讶的是，一些华尔街人士认同了保尔森的先见之明或者他对作空级证券意愿，认定这些资产的价格将会下降。虽然很容易忽视，但房价不会下跌的普遍看法对许多人还是有说服力的，巨大的资产泡沫倾向于鼓励乐观的群体。未来遏制系统性风险的努力中必须考虑到这种情况。

房价的崩溃开始于 2005 年，到 2007 年代中期开始急剧加速。46 个国家公布了 2007 年第四季度的价格下跌情况。[25] 违约和断供行为骤增，而新的销售开始下跌。许多房主发现他们的房价在缩水，尤其是那些在繁荣时期高价收购的房主。ARMs 的其他借款人几乎没有房产权，并且当他们进行还款重置时将不能再融资。

就像房主拥有创纪录水平的债务一样，金融公司以空前的杠杆水平运营（如图 4—5 所示）。支持高风险贷款的资本太少，房主和机构都无法承受如此突然和实质性的损失。事实证明，抵押贷款支持的证券只是冰山一角。实际上，数万亿美元股份以保险和复杂衍生品的形式处于险境，这些复杂衍生品基于这些证券的基础上被称为信用违约互换（它是投资者避免违约债务支付所造成损失的合约）。有些金融公司甚至在他们没有潜在股权的抵押贷款证券中进行大额的互换交易。因为这些是场外交易，而不是通过一个中央交易所进行交易，这使投资者的担忧加剧了。不确定性和公众信心的丧失是任何运转良好的金融市场最大的敌人。[26]

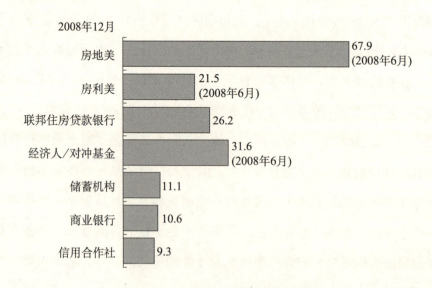

图 4—5　不同类型的金融公司的杠杆率

研究表明，2005—2007 年期间，占总发行量 40% 的次级抵押贷款风险敞口大约为 1.4 万亿美元，由美国商业银行、证券公司和对冲基金所持有。[27] 与泡沫时期盛行的传统认知相反，过于复杂且不透明的证券没能分散风险，事实上，巨大的风险集中在金融机构和中介机构的高杠杆资产负债表中。随着金融危机的到来，由于资产流动性枯竭和企业囤积现金，有效贷款陷入了停顿状态。由于信贷息差扩大的影响渗透到一般经济产业中，引发了广泛的恐惧和大规模的政府干预。新的全球经济的本质造成的连锁反应广泛地传播到各个国家，无论是在有很大的金融创新进步的国家（如美国）还是金融创新水平相对低的国家（如日本、德国、法国、西班牙或意大利）。

导致危机的核心宏观经济趋势已经出现了很长一段时间。首先出现在科技股泡沫中，然后出现在房地产业的巨大资产泡沫中，造成了美国储蓄率的下降。各国央行，尤其是美联储的货币政策在很长一段时间内过于宽松，只专注于消费物价通胀的危险，而忽视资产价格通胀的问题。而数年来，在源于泡沫的错误资产价格下，投资者和消费者很类似地作出了错误决策。

我们认为，宽松的货币政策加上由于全球经济失衡而随时可用的资金，导致了楼价泡沫，而我们认为楼价泡沫是危机的最主要原因。正是这种泡沫的开始，导致了抵押贷款证券的问题。

另一个重要因素是政府的安全网和政府对许多金融机构的救助引发了道德风险。这鼓励了银行和机构的冒险，如房地美和房利美。尤其是它们愿意承担过高的杠杆，从而放大了它们的损失并使这些机构在经济低迷时期更容易受到伤害。金融机构认为，当它们陷入困境时政府将帮助它们摆脱困境，除了雷曼兄弟，这一信念对所有金融机构来说都是正确的。在这种非凡的政府干预之后，随着经济的发展，这种类型的道德风险很可能是一个更重要的问题。金融创新迫切需要解决这个问题，以减少过高的系统性风险。

最近的危机在多大程度上是由于金融创新的失败所导致的？一些专家很快就给出了肯定的回答，但事实上，这是因为很多个人和机构抛弃了创新成功所必需的基本原则。

新的金融产品总是为发行人、消费者和投资者创建学习曲线。想缓解这个问题，需要特别强调设计合理的激励机制，要求所有各方玩"表面游戏"并增加透明度——这是房地产泡沫过程中被忽视的所有因素。

房地产市场最近的危机是一个痛苦的转变，但从大局来看，金融市场是一个不断经历复兴并且最终会恢复和调整过来的实验室。

避免过去的错误

据说不懂历史的人注定令重蹈覆辙。为了让资金再次流动，我们必须找出解决过去错误的解决方案。我们应该避免以下错误：

对资产价格会继续上涨的误解和建立在信念基础之上的错误安全感。在互联网泡沫时期，投资者被狂躁裹挟，为了追逐整个行业的超常发展而购买没有良好记录的公司股票。由于疯狂已经变得非常普遍，因此修正的过程将更加痛苦。

同样的事件几年后在房地产市场上演。只要价格上涨，"贷款证券化"模式似乎便传达着很小的风险。借款人总是认为他们可以再融资并利用它来增加股本。抵押贷款担保证券的投资者依赖评级机构对贷款进行评估，但评级机构并未在它们的模型中加入价格调整的可能性，并假定由于多元化，违约的数量会很小。

但是股票价格可涨可跌。监管部门和金融部门都必须清晰地了解不断上涨的市场背后的可持续性因素，打破这个当资产泡沫形成时的井蛙之见。当一个产品有巨大需求时，其利润的诱惑是很大的，但在风险下不切实际的舒适性对金融体系的稳定性来说可能是危险的。

抵押贷款和证券池缺乏透明度。随着房价的飞涨，许多消费者申请了二次抵押贷款，这些二次抵押贷款通常没有通知第一留置权人。在 2008 年 10 月举行的梅肯研究院金融创新实验室的会议上，美国证券化论坛的汤姆·多伊奇（Tom Deutsch）提供了关于 2006 年住宅抵押证券的一些令人吃惊的统计数字。虽然已根据传统的 80％贷款价值比（LTV）估计了证券池贷款的预期业绩，但合并的 LTV（CLTV）通常接近 90％。在次级市场，第一留置权的 LTV 平均为 88％，并且只有 55％的贷款拥有全部档案。在许多情况下，完整的 CLTV 是无法确定的，就如第二留置权是"沉默的"一样。这些抵押贷款的绝大部分被打包成债务抵押债券，关于后者的记录很少。[28]

一旦贷款证券化，投资者也无法知道证券池中的真实组成。投资者不会试图探寻这一状况对他们和市场的损害，而会过于依赖评级机构的意见。当拖欠率和违约率开始攀升，透明度的缺乏变得更加严重。借款人寻求贷款条款修订时，通常很难知晓应该与谁谈判。不透明的资产池无法售出，银行也对彼此的资产负债表失去了信心。这种交易对手的信息不对称导致流动性受阻和银行间信贷市场的崩溃。

证券化已经证明其可以成功，但提高透明度将成为重新启动市场的关键。

　　不恰当的激励。在房地产繁荣时期，激励机制在某些方面的失调减少了出现积极成果的可能性。如果当风险太容易传递，将会发展成滚雪球现象。当不要求借款人做出实质性的首付，从而使他们从一开始就拥有一套住房的所有权时，他们往往会申请数目太大而难以处理贷款。抵押贷款经纪人为发放更大量的贷款支付费用，而不是发放给适当的信誉良好的借款人。贷款人会在二级市场出售贷款，因为按更为审慎的标准发放贷款并不能提供合适的激励。发行有问题证券的机构支付给评级机构一定的费用以求获得更好的评级，这使评级机构倾向于简单地通过提交有利的报告取悦其客户。显然，激励结构需要在每一个阶段重新定位。如果每个参与者都保留一部分风险，这将阻止鲁莽的行为发生。

　　监管不力。监管机构面对主要的资产泡沫完全不能充分发挥作用。美国监管机构之间的差距和重叠，使政府没有一致的战略方针以应对新出现的危机。

　　展望未来，监管力度应该更加强烈地锁定在涵盖系统性风险、加强对银行的资本要求、推动更大的市场透明度、修正激励机制等方面，以阻止过度冒险。并且监管机构如果不履行自己的职责，应当承担相应的责任。书面规定的更有效的执法可能会缓解危机。如果我们采取一种更全面、更综合的办法来应对资产泡沫和系统性风险，那么复杂的美国监管结构必须解决本身的问题。

　　评价机构的功能失调。政府正在努力通过指定国家认可的统计评级机构来增进评级机构之间的竞争。从更一般的角度讲，政府应避免鼓励投资者在做投资决策时过度依赖这些评级公司。

越过危机：找到前进的方向

没有什么比危机更集中在金融创新的过程中。抵押贷款的主要转换产品和市场从大萧条时便出现了。同样，最近的系统性危机（尽管这是一个小规模事件）导致了对金融创新可以在改善住房金融和防止未来的市场失灵中扮演什么角色的讨论。

许多新的思想专注于资本市场解决方案：对从发起到分销模型错误之处的修复、复兴证券化市场方法的提议。其他思想主张制定新的方法，在风险较低的环境下致力于扩大保障性住房。[29]

资本市场解决方案

重启证券化是恢复抵押贷款市场健康发展的第一步。它需要回到基本面分析、尽职调查、有效承销，再加上一个对结构性金融产品透明度和充分披露的新承诺中。住房抵押贷款支持证券的披露需要额外的数据报告，包括按时提交的定期汇报、第二留置权的所有信息以及贷款比较。要求银行留存每笔贷款的一定比例，甚至为可能的再采购做准备，也使结构性融资在未来更可行。

担保债券是一项可以追溯到 18 世纪普鲁士的金融创新，被广泛应用于欧洲（事实上，它们是欧洲债券市场中比重最大的产品之一），并获得支持来帮助解决美国当前的危机。这些证券是由银行发行的，由一群被称为"池"的敬业的贷款群体所支持，每个国家的法律都对其包含的范围作出了规定。如果发行银行破产，为了保证债券持有人的利益，资产池会被撤销。担保债券和抵押贷款支持证券非常相似，但在发行银行的资产负债表中仍然存在风险。因此银行保留必要的控制权来改变贷款池的组成，以维持其信用质量和改变贷款条款。另一方面，抵押担保债券（MBS）通常是表外交易，即银行贷款出售给发行债券的特殊目的载体，从而消除了银行的贷款（和风险）。[30]

另一个想法来自丹麦，它提供了在管理抵押贷款风险上的更大的灵活性。在这个模型中，债权人在发行抵押贷款时，有义务销售一个等价的同期限同规模的债券，这种债券与潜在住房贷款完全匹配。[31]抵押债券的发行人仍对所有债券偿付负有责任，而且，一个有趣的转折是：抵押贷款持有人可以在市场上买回债券并使用它来赎回他们的抵押贷款。当利率上升，房价下跌时，随着债券价格的下跌，借款人有权减少他们的持有量。

在丹麦的例子中，债券的价值与贷款的利率和期限相匹配。以相同抵押贷款池作为抵押发行债券：30年期的有追索权贷款一般按固定利率全数摊销，并按LTV比率的80%发行。发行人在其账簿上记载抵押贷款，如果借款人未能支付，发行人就要按池的票面价值和市场价值的较低者购买抵押贷款。发行人保留了信用风险，使投资者只承担利率风险。这种方法结合了担保债券和资产证券化的特征。类似于标准的担保债券，这款丹麦式的工具让贷款发起人保持信用风险。同样类似于证券化，系统创建交易并保持流动性。

所有的债券是可交易并且透明的，每天可以跟踪其价格变动。借款人可以监视其运行，如果利率上升，可以充分利用可回购的期权。这使借款人能够回购自己的贷款，为市场提供了灵活性。如果抵押贷款的利率上升，相应的债券价值下降，借款人就可以以低价回购资产。借款人可以以更高的票面利率获得一个新的、较低的抵押贷款。这种方法限制了房屋价值下降时期的负资产。在 2001—2005 年期间，当利率从 6％～7％下降至 4％～5％时，近 100％的抵押贷款被提前偿还或重新贷款以便提前偿还。有趣的是，在丹麦已经经历了房价下跌和低迷，而在美国没有经历违约和丧失抵押品赎回权的浪潮。在全球信贷危机期间，和以前一样，国家的抵押贷款银行继续以相同的速度出售债券和发行抵押贷款。[32]

经济适用房解决方案

我们经历的具体的住房信贷的失败（例如不良摊销抵押贷款和默认创造不正当激励的抵押）这一事实并不能否定使所有人负担得起住房这个整体社会目标的正确性。

目前，拥有住房在美国是一个两极化的命题：你可以在没有任何所有权的情况下租房或者在 100％所有权的情况下承担所有的风险和收益。共享股权是一个意味着以减少资产来换取减少义务的概念，是一种企图通过维护保障性住房的目标来平衡个体业主财富创造的方法。某种形式的补贴，无论是税务利益还是直接补贴，都降低了家庭换取升值空间的代价。可能有对房产和/或房屋价值的升值的转售限制。另一种方法是私人投资者共享权益模式，其中投资者提供一定的住房成本份额以换取一部分比例的升值。这两种方法都通过降低债务水平来建立获取住房所有权，而贷款人通过获取所有权的份额来减少他们的风险。

有三种模式组成了共享股权或部分股权的方式：限制股票合作社、社区土地信托和契约限制的住房。这些和其他的在规划中的产品拥有减少最近一波断供潮在美国街区留下的问题的潜力。对于保证入住，促进持续的维护，并避免进一步断供，它们可能是可持续的和持久的战略。

这些模型之一的社区土地信托（CLT），包括建立一个持有土地的非营利组织，使所有的房屋都建在能够永远负担得起的指定社区。社区土地信托常用于在住房成本上升时通过把潜在的土地权利交给独立实体，而不是给新购买者传递升值价值来增加购房。目前在美国，大约有200个社区操作或成立了社会土地信托，其覆盖范围在[33] 2006 年已达5 000～9 000套住房。[34]

同样，土地银行试图通过解决土地聚合和开发的问题降低住房成本。[35]土地银行允许州政府和地方政府获取、保存、转换和管理那些取消抵押品赎回权的财产以及其他空闲和废弃的财产。通过允许相关机构（公共机构或非营利机构）聚合和获取这些财产的所有权，该模式创建了一个可以减少破坏、产生收入、促进保障性住房的可用资产。因此，这是对保障性住房和丧失抵押品赎回权问题的解决方法。

另一种模式是共享股权的抵押贷款，即贷款人同意为贷款的一部分接受部分或全部的价值增值的份额。[36]共享股权抵押贷款是提高承受能力、更有效地分散风险、可延迟支付的贷款。代替按月支付，借款人到期一次支付。[37]如果房价上涨，即总和代表升值价值的份额大于在传统的抵押贷款中的份额。但如果价值下跌，借款人只支付原始本金。借款人节省了每月付款以及利息开支；贷款人失去了定期支付利息以及房价上涨带来的收益上升空间。实际上，贷款人获得了公平的财产。

一个相关的变量是房屋净值零散权益保障（HEFI），它由加州大学伯克利分校哈斯商学院的约翰·奥布赖恩（John O'Brien）设计。这部分所有权安排将使房主只能购买住房的一定百分比，进而带来对其余资金的被动利用。随着房价的上升和下降，这种被动利用也存在潜在的收益和损失。从短期来看，这种模式可以用来阻止取消抵押品赎回权。对于陷入困境的房主，所得 HEFI 可用于部分满足现有的留置权或考虑忍耐，抑或由现有的贷款人进行抵押贷款重组。正如奥布赖恩描述的那样："HEFI 代表着模拟国内股票市场中的被动投资者利益，同样也代表着一个公司的被动投资。像管理养老金和捐赠基金这样的机构投资者，对 HEFI 实现股票和债券的多元化有浓厚的兴趣。"[38]

➤ 在断供战役中战斗：Genesee 县土地银行

在密歇根州 Genesee 县的心脏地带是弗林特市——一座见证了漫长艰难岁月的城市。弗林特的前途随着疲弱的美国汽车业下滑而愈发暗淡，在最近几年，因为居民离开城市到别处寻找机会，它的人口已经减少。弗林特不仅具有较高的失业率，而且其城市政府实际上在 2002—2004 年期间处于被接管状态。随着断供率飙升，一片一片的建筑申请财产毁坏——这是经济问题的有形体现。

Treasurer Dan Kildee 县应用了一种非常规的努力，来应对断供危机的到来。全县的土地征集，税收征管和断供程序已被重新组织以更容易地控制迅速贬值的楼市。这个县借用应收账款来管理、拆除和重新开发税收断供赎地产，而不是利用断供物业出售税收留置权的应收款项。这减少了空置物业的库存，降低了征地成本，使城市规划得以实现，并通过降低整体开发成本给新的业主创造潜在的利益。

通过在全国范围内的经营，土地储备能够通过集中大量的财产和交叉抵押来减少风险和提升对于城市复兴和住房拥有度的积极影响。

在 Genesee 县，需要几个立法上的变动，包括改革税收断供程序，给土地储备机构提供各种开发工具，并将土地储备性质分类为"棕地"（废弃商用房地产，可能需要清理；它的发展可能有资格获得政府的援助）。具体的调整将依地区而异，但在密歇根州，土地储备快速轨道管理局的建立是为了使这一过程更加高效。储备性的土地是免税的，被称为"棕地"，可以低于市场价值出售，并通过赋予一个 90 天静止拍卖权来建立土地储备的拥有权。

Genesee 县土地银行是一个创新，它是由税务赎费、土地出让收入和税收捕捉资助的。一份由密歇根州立大学对 400 家 Genesee 县土地银行的研究发现，周围的景观在仅仅耗费 350 万美元的情况下使其自身价值增加到了 1.12 亿美元。[39]

将私人投资吸引到系统中

直到最近的金融危机，私人投资在住宅房地产的资金中一直扮演一个很重要的角色。但在抵押贷款市场崩溃之后，美国政府的投资已经逐渐地取代了私人投资，成为房地产资金的主要来源。

贷款机构已缩减对房地产行业的信贷，因为它们需要改善其资产负债表，并且投资者纷纷减少了对抵押贷款支持证券的购买。与此同时，私人公司抵押贷款证券与私人投资者的参与一起瓦解。通过其控制的房地美、房利美、联邦住房管理局、退伍军人管理局和吉利美，并通过购买抵押贷款支持，政府提供了今天房地产市场的大部分资金。

资金的这个戏剧性转变指出了一个尚未解决的重要问题：房地产市场可用信贷与目标的差距越来越大。一直以来，政府通过各种信贷调整和将自己的信贷提供给房地产来抑制房屋断供潮。但是这些政策的出台并没有使得房地产市场运作正常化，并且，在任何情况下，政府的财力与全球资金市场相比要小得多，政府的财力并不能满足房地产市场不断增长的资金需求。在经济萧条之后仅仅依赖美联储和其他公共实体或者政府担保企业来支持房地产市场可能会威胁到国家的经济增长和稳定。应该用一个关于解决与私人历史合作关系的计划来补充政府的稳定和紧急刺激计划。这个解决与私人历史合作关系的计划是 20 世纪一个主要的政策创新。对于促进一个运作良好的金融体系和持续稳定的长期经济增长来说，这将是至关重要的。

结　论

断供率和拖欠率仍然处于极高的水平，超过 1/5 的美国住房抵押在水平线以下[40]，正如本书中写的那样，40 个混乱的住房市场还在努力恢复中。在本章中，我们已经勾勒出了导致价格飞涨的因素（包括宽松的货币政策、过度的杠杆和非理性乐观）和导致市场失灵的因素（包括过于复杂的产品、贷款人承受风险的能力、缺乏透明度的因素以及评级机构的故障）。虽然所有这些因素对于扭曲市场具有非常大的危险性，但美国监管机构却未能采取有效的行动。其中一部分原因是监管的顺周期性（在经济蓬勃发展期监管倾向于宽松，但在经济衰退期监管更加严格）。这也是因为缺乏问责制和各执法机构的错综复杂、重叠。联邦政府目前正在讨论如何通过精简管理结构和更加注重系统性风险来解决这个结构性缺陷。

进步往往诞生于危机时刻。正如很多为提供住房持有率的金融和政策创新出现在大萧条时期一样，新的金融产品和政策已经在被开发来应对当前的住房危机。我们已经了解了在房地产价格下跌的时候，可以减少丧失抵押品赎回权数量的替代品，也了解了分配贷款发起人和抵押贷款的最终所有者之间的风险，此时，我们在价格上涨时给房主提供了支付，在房价下跌时给他们提供了保护。重新启动抵押贷款支持证券市场是十分重要的，但这次应有透明度更大并应用于企业债券市场的模型。

从历史上看，房地产已被证明是最危险的资产类别之一。安全地促进获得可负担得起的住房是金融创新的持续目标。在危机之后，拥有住房的扩张或许可能是一个发散性的话题，但它是一项从未像现在这样紧迫的任务。维持房地产市场的稳定是维持整体经济稳定的关键。

5

环境金融：拯救地球的创新形式

环境问题通常源于其产权的缺失或不完整性。当对资源的权利能够被明确定义且易于保护时，所有的市场参与者都有动机去避免污染问题。

"如果能够为清洁大气和水资源建立产权，个人和公司将承担其对他人所造成的负面影响。"

——诺贝尔经济学奖获得者罗纳德·科斯

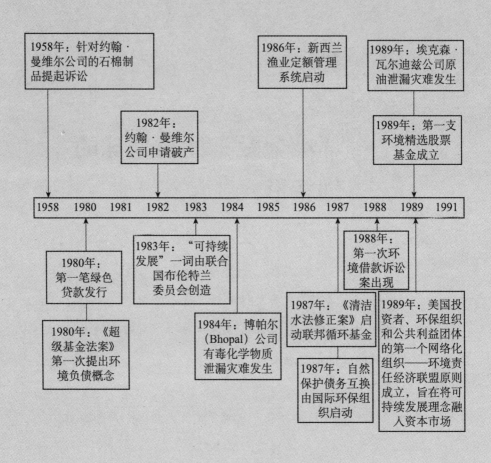

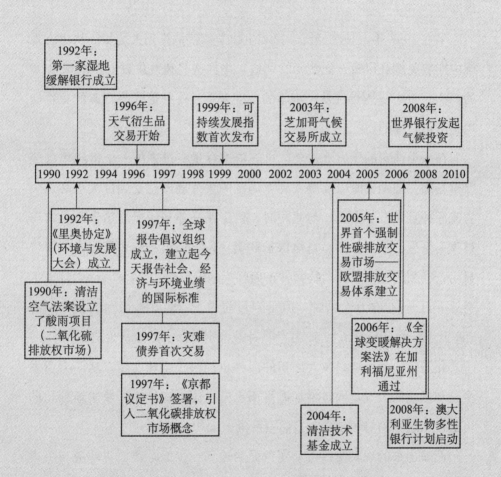

1992年：
第一家湿地
缓解银行成立

1996年：
天气衍生品
交易开始

1999年：可
持续发展指
数首次发布

2003年：
芝加哥气候
交易所成立

2008年：
世界银行发起
气候投资

1990 1992 1994 1996 1997 1998 1999 2000 2002 2003 2004 2005 2006 2008 2010

1992年：
《里奥协定》
（环境与发展
大会）成立

1997年：全球
报告倡议组织
成立，建立起今
天报告社会、经
济与环境业绩
的国际标准

2005年：世
界首个强制
性碳排放交
易市场——
欧盟排放交
易体系建立

1990年：清洁
空气法案设立
了酸雨项目
（二氧化硫
排放权市场）

1997年：灾难
债券首次交易

2006年：《全
球变暖解决方
案法》在加
利福尼亚州
通过

1997年：《京都
议定书》签署，引
入二氧化碳排放权
市场概念

2004年：
清洁技术
基金成立

2008年：澳大
利亚生物多性
银行计划启动

21 世纪，一个有名的"难以忽视的真相"是由于我们没能对一些自然资源进行定价，我们生活的星球处于灾难的境地。污染、毁林以及对生物多样性的破坏，使得数量惊人的植物和动物物种由于气候变化而变得濒危。

早在 1997 年，一些经济学家和生物学家就估算到人类每年从生态系统中能够免费获得数万亿美元的利益，并且这些利益总数占据全球 GDP 的 50％～185％。[1]单纯从经济学的角度来看，这种形式的资源的免费使用是不可持续的。

在人类消费的压力下，全球自然资本存量在过去的一个世纪里已经严重萎缩。加勒比海以及澳大利亚周围的大片珊瑚礁受到巨大破坏，失去光泽并且没有了生机，与此同时，位于亚马孙和印尼的热带雨林落得被夷为平地的下场。国际自然保护联盟（IUCN）在 2008 年公布的报告显示，25％的野生哺乳动物物种正面临灭绝的危险。[2]科学家认为地球上有 500 万～3 000 万个物种，但是到目前为止，能够被识别的物种只有 150 万个，并且只有不足 50 万个物种被确定有潜在的经济价值。[3]

化石燃料的燃烧以及大面积的毁林也加快了全球变暖，从而会引发多变和极端的天气，同时增加海平面上升、传染病传播以及耕地沙化的可能性。这些趋势预示着对自然资源的大面积的破坏。

凸显出来的现实使得行动变得尤为迫切：我们必须加快环境与资本市场的融合发展，并且抓住这个机会建立一个可持续的经济。我们有能力建立一个能够对空气、水和其他自然资源进行定价的新市场。我们能够找到新的清洁技术以及更为协调的、可持续的发展方式来创造就业机会，增加收入，增加未来的财富。

为了实现这一变革，我们需要将金融工具应用于对环境外部效应（比如大气和水污染）以及共有资源（比如生物多样性）的定价。建立有效定价机制的第一步，就是应用现有金融创新来开发环境市场。通过金融创新使得自然资源的真正市价得以体现，由此促进环保实践的创新和清洁技术的出现。这个过程需要将之前的隐性资产货币化，以便作出融资决策。

从使用二氧化硫排放权交易机制控制酸雨到《清洁水法案》（the Clean Water Act）得以执行，在保护环境方面，市场化手段已经被证实比单一的政府管制更加有效。项目融资，公私营机构合作以及可交易许可证等已经成为政府管制的重要补充乃至替代品。政府为了达到环境效益，对采用和传播绿色科技提供各项激励机制所带来的综合成本也将因该形式而得到降低。

自由市场和宏观调控在 20 世纪 80 年代开始融合，并稳步增长。可交易许可证系统的实施实现了逐步减少含铅汽油的使用，杜绝对臭氧层有害的氯氟烃的使用，甚至对洛杉矶的雾霾天气也起到了减缓作用。[4]与此同时，将公共利益与经济效益挂钩的尝试也在进行中，保护生物多样性就是其一。事实上，为了在保护环境的过程中占据更主动的位置，联合国环境规划署推行了一项融资计划作为财政部门的正式流通机制。

本章证明了环境金融的可行性以及必要性，使用金融经济理论（稀缺资源的高效利用、价格透明、降低交易成本）来解决环境问题。将消费者、生产者和社会大众的利益统一在一起能够产生巨大的效应。有必要强调一点：在经济增长的同时必须保护环境，经济增长不是环境保护的敌人。

市场失灵和环境

经济学家将之称为"外部经济效应"。当过度生产或消费发生时，可能会对外部的人造成负面影响，即使他们与最初的生产消费行为毫不相干。但作为该活动的直接参与者，他们从未将外部经济效应这一成本考虑进去。负面外部效应是市场失灵的一种表现，会导致资源分配不当，而环境退化可能是最主要的表现。

当然，也可以对环境破坏行为征税或颁布禁令，但这样做会加重经济负担，也会引发其他的市场扭曲现象。解决外部经济效应最有效的办法就是将其内部化——通过合理定价，将其纳入经济决策的制定和市场交易中去。想要达到这种形式的转变，需要制定清晰的产权界定及某种市场机制。

生物学家加勒特·哈丁（Garrett Hardin）于 1968 年提出的"公地悲剧"理论可以帮助我们更好地理解外部效应。[5]哈丁在之后的一篇文章中指出，1974 年在非洲上空采集到的卫星图像揭示了"公地悲剧"理念正在上演。卫星发现了一块 390 平方英里的黑色区域，那是一块被栅栏围住的肥沃草地；但栅栏外的土地却十分贫瘠并缺乏生命力。

> 道理很简单，栅栏内的区域是私有财产，它被细分为五个部分，土地拥有者会在每年轮换土地，只将其中一部分作为牧区。四年的休耕时间使牧区肥力从放牧中得到恢复。土地拥有者能这么做是因为政府的津贴使他有能力保养土地。但栅栏外的土地没有所有者，是对游牧民及他们的牧群开放的。在 20 世纪 70 年代的旱灾中，牧民的需求不但没有得到控制，反而随着不断增长的动物数量而增长。牲畜的数量超出了环境的"自然承载力"，土壤板结，养分也被侵蚀殆尽，养分丰富的植物无法生长，取而代之的是不适合放牧的杂草。牛群成批死亡，很多牧民也因此损失惨重。[6]

　　空气、渔场和饮用水为每个人所拥有却又不单独属于某一个人，因此人们毫无节制地使用，最终会受到边际报酬递减规律的影响：由于越来越多的人掠夺自然资源，人们从该资源中获得报酬随时间递减。尽管保护共享自然资源关乎每个人的利益，广义的社会性目标却不能激发个体市场参与者的积极性，因为他们正忙于追求狭隘的个人利益。不同利益群体为了最大化自己的利益而不断透支自然资源，最终可能会摧毁公共资源。没有明晰直接的所有权，人们就没有动力去保护资源。[7]

　　问题不是市场失灵，而是市场根本不存在。为私人生产的社会成本进行市场化定价并构建交易平台，对保护环境至关重要。这样做的内在问题是：由于缺乏统一的规则，环境商品和服务的供给和需求信息难以获得。但这一问题能够解决，只要为玉米、水稻、小麦、铁路或者制造业的债务和权益建立起市场机制即可。这个系统的关键是建立明晰的、强制执行的且可转让的产权制度。

产权和科斯教授

　　产权缺失阻碍了市场经济的实质性发展，在这种情形下，还可能威胁人类的生存。环境问题通常源于其产权的缺失或不完整。当对资源的权利能够被明确定义且易于保护时，所有的市场参与者都有动机去避免污染问题。例如，大气污染的外部性问题能够通过建立清洁资源的产权来解决。所以当居住地附近的大烟囱侵犯到居民的产权时，他们拥有对其收费的权利。

　　罗纳德·科斯（Ronald Coase）是提出利用清晰界定的产权解决外部性问题的第一人。他在 1960 年所写的开创性文章帮助他赢得了 1991

年的诺贝尔经济学奖。[8]科斯认为，如果能够为清洁大气和水资源建立产权，个人和公司将承担其对他人所造成的负面影响。这有助于人们采取环境友好的行为和提高技术水平，与此同时，也会带来可观的收益。"科斯定理"强调明确界定产权和交易产权来分配资源的重要性。通过界定水资源或空气产权，或者把环境成本融入到商业决策中，由私人生产活动所产生的社会成本便能够被现定价和交易。

环境金融的新方法

当技术人员在实验室和工厂里竞相利用可再生资源，使我们的生活更加节能高效时；金融创新家们也马不停蹄地努力将这种方法运用到环境领域，为保护公共利益而不断寻找能够运用经济理念的新领域。

在过去的50年中，水资源（如地下水）用量已经增长了三倍，再加上持续的污染，需求正在以指数式增长。[9]产品和流程技术干预着水的脱盐、循环、过滤处理、测量，基础设施时刻准备着将其规模化。前所未有的需求带来的压力正驱使着针对生态水资源的新的市场和公共支付机制的发展。

在估量生物多样性价值方面，另一个新的市场也在逐渐建立起来。这些计量方式曾经很容易以政府法规的形式出现，如罚款、缴税等，但现在，在应用资本和贸易理论的方面有了新动向。这需要政府在其中对污染和使用规划出指标，然后给商界和其他团体颁发许可证，允许它们进行自由交易。这样可以使渔业管理和湿地保护的方式多样化。美国在这方面起到了带头作用，但基于市场的方式也在澳大利亚、新西兰和整个欧洲（尤其荷兰因其尝试大范围多种市场机制的想法而变得尤为突出）得到了发展。[10]一个创新的想法甚至设立了一个"啄木鸟基金"市场，为濒临灭绝的啄木鸟提供了定价。如果开发者在某个地区破坏其栖息地，他们必须交付一定的金额用于抵消破坏。相似的规定带动了这个市场。既然为此赋予了价值，就相当于有了保护啄木鸟栖息地的津贴。[11]

表5—1提供了一些已经在实施的大范围环境金融创新，既有作为公共利益供应者帮助保护生态系统的策略，也有帮助推广绿色产业的工具（包括取得信用和贷款的权限、企业资金、投资担保、资源开采租金、开发自然资源费和保护市场化的产品或服务，如生态旅游、气候法规、侵蚀控制、授粉、水资源服务、消除碳排放污染等）。[12]

融资保护项目

国家循环基金：从种子基金到自我维持的项目融资

多年来，美国联邦政府通过一次性大额补贴为地方改善环境提供资金，例如投资建设污水处理厂。但随着对资金需求的增加，决策制定者和资本市场的专家开始创造性地思考如何利用杠杆融资。例如，如何让一次性的50万美元补助变成200万美元。

1987年，国会通过了《清洁水法案》和取代传统补助项目的国家循环基金（SRFs）项目。[13]在这种模式下，每个州申请联邦政府给予地方20％的补助；资本市场投资和从慈善机构获得的"种子基金"被用来补充资金池。获得"种子基金"后，各州以低息贷款给当地的城市和组织，后者用项目收益和当地税收来偿还贷款。各州可以提供贷款给社区、个人、非营利组织和商业企业。[14]它们利用这笔资金还款再投资，如此创造一个持续的资金资源。

该模式最大限度地利用了政府补助的影响和时间。国家循环基金成功地保证了资金在农村、城镇和主要城市的水质管理方面的稳定投入。环境保护署（EPA）估计，该模式已经累计提供 688 亿美元的资金，收益人群达 1.15 亿人次；1987—2005 年间，该基金创造了 600 000 个建造业工作岗位和 116 000 个就业机会。[15]

地方河流和溪流项目通过资助获得持续的收入（例如当地税收、旅游收益或者使用费），这些资金可以用来偿还当地贷款并进行再投资。因为这笔贷款的利率远低于市场利率，当地大大节省了资本成本。地方河流管理当局可以通过发行市政债券利用这笔资金的杠杆效果进行资本市场投资，为更多的项目进行融资。

国家循环基金提供联邦援助，同时保持州和地方的开支优先控制权。各州在决定项目资本结构上被赋予灵活性。除了提供低息贷款以外，SRFs 还允许将资金用于再融资、购买或担保地方债务，或者购买债券保险，各州制定自己的贷款条件，包括利率和还款期，并且自定条件去帮助小型和弱势群体。[16]

国家基金的定价是建立在整个项目的基础上的，而不是对具体项目的个人发放贷款。一直以来成功的关键是：通过多样化分散风险来构造项目组合。仅在 2008 年，SRFs 就计划有 27 亿美元用于建设处理设施，29 亿美元用于计划管网工程，还有超过 2.2 亿美元用于控制非点源污染（源于扩散源和由雨水径流携带的污染）。这些非点源项目包括垃圾填埋场和棕地修复（废旧厂区恢复工程），城市暴雨洪水疏浚管理项目，农业用水管理工程的改进。[17]

国家循环基金在市政债券市场上带动了新产品开发。通过舍弃一般责任风险项目，转向依据各个项目的商业模式进行融资的收入债券，就有可能在资本市场获得更多的资金。而且这些创新形式使我们能够充分利用有限的政府资金和多元化项目规避风险产生的巨大力量。私人投资者也开始投资于该项目新的组织形式。放弃传统的市政债券，借助市场改造成新的资本结构和融资产品，而这些使得河流更新及水资源管理更加有效。

SRFs 的基本模型有两个。其中"现金流模型"（见图 5—1）将基金的原始自有资金（由联邦和州提供）首次直接贷给社区。发行贷款的还款额用于偿还发行的债券，而到期的还款数额要高于实际需要支付的债券数额。通过发行债券获得的收入则投入到更多的对公众贷款中，构成一种抵押性质的现金流。这样一来，公众贷款的覆盖面、安全性和补贴程度就有了直接的提升。

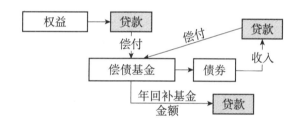

图 5—1 现金流量模型

储备基金模型通过运用初始权益（自有资金）构建出一个现金池去应对潜在的违约。其储备规模可以是交易金额的 30%～70% 范围内的任意数额。储备基金确保了债券的顺利发行，债券募集到的资金则用于对公共水利工程建造提供贷款（如图 5—2 所示）。另一方面，储备基金获得的利息收入可用于对贷款提供补贴。

密苏里州提供了一个成功的储备基金模型的成功案例。其通过 SRFs 项目发行的贷款量在全国排名第 12 位。[18] 尽管刚刚开始，该州已经完成 150 项贷款，在 2008 年底，超过 170 亿美元的资金被用于建设。该州的居民需要投票批准项目融资，从而对所有贷款的成功使用和随后的归还给予积极的关注。

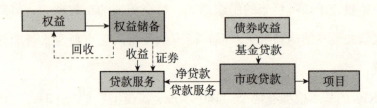

图5—2 储备基金模型

密苏里州的 SRFs 在城市和乡镇地区致力于融资池的杠杆贷款项目。这种储备基金保持在其交易额的 70%，这是在全国前列的最高储备水平，这样做的目的是确保高质量的债券评级。

布兰森镇是密苏里州早期的 SRFs 贷款接受者之一，也是美国的乡村音乐之都，它只拥有 3 700 名居民，但每年有 5 万名游客涌入。很显然，对于该镇如此集中的旅游需求，布兰森的水利基础设施是不够的。议会批准了 5 600 万美元用于建设能够满足严格的排放限制和不断增长的需求的污水处理系统。由于该项目的预算不可能由镇里的人来缴纳，该镇宣布旅店住宿和娱乐项目需缴纳 2% 的旅游税，餐饮业需缴纳 0.5% 的旅游税。把债务责任转移到旅游业上使得布兰森镇偿还了过去 14 年的 SRFs 的债务。

现金流量模型和储备基金模型都得以成功运作。有些州还试图创建它们的混合结构，使用一部分原始资金作为储备基金，剩余的一部分直接发放贷款。无论选择何种方式，很显然，循环基金已被证明是一种有效的、能实现自我维持的融资模式。值得强调的一点是，贷款对接受者的财务一揽子计划给予了资金支持，激励其减少浪费性支出。

由于储备资金法的有效性得到证明，作为一种服务于其他项目的模型，随着时间的推移，其范围正逐步扩大。1996 年国会成立了饮用水循环基金（DWSRF）项目，该项目体现了州和联邦及其他机构的责任清洁水基金项目在援助方面，其他机构的责任。在 DWSRF 项目实施的第一个十年，国家能够给全国各地 5 555 项工程提供 126 亿美元的贷款。特别援助已经向小型饮用水系统和弱势群体倾斜，使它们能够达到公共卫生标准。[19] 环境保护局也使用循环基金来清理污染区。

使用 SRFs 进行土地并购

在某些情况下，改善水质最好的办法是战略性地保留住水流或其源头的土地，防治由开发和工业使用带来的污染。通过保住湿地，我们也能保护重要野生动物的栖息地。

纽约州已经开展了它的 SRFs，以低成本的方式提供资金开展保护水质的土地收购项目。2000 年，雷伊市从州净水循环基金（CWSRF）中获得 310 万美元的短期零息贷款，用于保护长岛湾河口至关重要的土地。[20] 这里的生态系统十分脆弱，是一个巨大且复杂的河口，康涅狄格河、休沙通尼克河和泰姆士河在这里交汇并流入大海。这也是各种各样的鸟类繁殖和迁徙栖息的一个非常重要的地方。

大约有 2 000 万的人口生活在长岛湾 50 平方英里的区域内，享受着它的优美风景，食用着鱼类和贝类。[21] 但工业、海岸线发展以及密集的娱乐业使得这一至关重要的河口负担过重，野生动物栖息地退化，并造成海滩经常关闭。污水处理厂及雨水将过量的氮排放到河里，形成了海洋生物不能生存的"死区"。大量的清理工作已经进行了几十年，但还有许多工作要做。[22]

长岛湾的全面保护与管理计划将主要土地收购作为保护重要流域的持续发展战略的一部分。雷伊市的土地收购是重要的组成部分；维护并改善海滨、支流和湿地范围内的城市。事实上，纽约州扩大了它的 SRFs 来给非营利组织提供一个机制，通过资助类似的土地收购项目来保护水质。

在加利福尼亚州的中央谷，当地的土地信托和保护区出于保护的目的与联邦和州政府机构合作贷款数百万美元（包括从 CWSRF 贷款的 950 万美元）。该合作项目已经成功保护了成千上万亩湿地——珍稀植物和动物物种生活的独特的生态系统。美国大自然保护协会（TNC）起到了至关重要的作用：1999 年，该协会汇集了 800 万美元的贷款，其中 600 万美元来自州政府，剩下的资金来自私人和公共资源，以保护庞大的霍华德牧场，它位于萨克拉门托县南部科萨姆尼兹河流域。牧场现在限制建设新的住房并被转换成了葡萄园或果园，为的是保护其湿地和三角洲流域。萨克拉门托河谷后来获得了 100 万美元的 SRFs 贷款，以帮助保留萨克拉门托春池草原保护区。[23]

环境保护债务互换

乍一看，一个国家的外债和保护生物多样性的能力似乎是完全无关的，但环境保护债务互换创造性地把它们联系在一起，并使各方面发展成为可能。通过解除发展中国家的外债负担，可以确保它们承诺对当地的保护项目投资，并保存濒临崩溃的生态系统。

现在大部分环境保护债务互换已经被用于保护濒临灭绝的热带雨林。热带雨林不仅与当地社区必不可少的福祉相关，而且由于它们充当"碳汇"的角色，吸收引起气候变化的二氧化碳，使得它们具有全球意义。[24]科学仅仅触及到隐含在这些荒野地区中问题的表面，这里充满了稀有和充满异国情调的动植物。

　　然而，从全球来看，热带雨林遭受了各种破坏：过度采矿、滥伐、不当放牧、当地居民为取暖而进行的采伐、新建水坝等。保护热带雨林的生物多样性是一项跨国任务。

　　自然保护债务互换是由世界野生动物基金会的托马斯·洛夫乔伊（Thomas Lovejoy）首创的，他早在 1984 年就抓住这个想法来处理环境退化问题和由许多发展中国家承担的支离破碎的主权债务负担问题。当拉美债务危机使得该地区的许多高负债国家在环境保护方面束手无策时，洛夫乔伊呼吁在债务减免和环境保护之间建立一个明确的联系。[25]

　　许多自然保护债务互换是由非政府组织（NGO）或"保护投资者"发起的，负责购买发展中国家的债务。由于债务国的偿还能力已经被认为是不稳定的，因此商业银行甚至可能愿意将其债务折价卖给非政府组织。非政府组织随后通过免除债务来换取债务国承诺投资保护项目或保留一块至关重要的土地。债务国政府也可能被要求用这笔资金发行债券，用从债券中获得的收益来建立当地的环境保护群。保护国际基金会在 1987 年进行了首次债务互换交易，当时从一个商业债权人手中购买玻利维亚的一部分外债，然后免除这笔债务以使玻利维亚政府在贝尼省留出 370 万亩生物保护区。[26]

　　多边债务换取自然保护交易则稍有不同。在这种情况下，债务减免交易是两国政府之间的直接交易。1991 年，老布什总统公布了美洲事业计划来实施这一策略。[27]牙买加环保基金会是第一个受这个项目资助成立的基金会；以换取该岛国 3.11 亿美元的双边债务的免除，该基金会收到资金去管理儿童发展项目以及水质监测、废物管理、植树造林和生物多样性保护等项目。[28]

　　美国热带森林保护法（TFCA）在 1998 年被颁布以进一步使债务换

取自然保护的想法制度化。在这个程序中，通过这项计划可以降低发展中国家对美国的高负债水平，形成以当地货币资金为基础的同类基金来保护当地的热带雨林。在十多个国家中，曾要被用于债务支付的数百万美元重新定向到保护活动中，从博茨瓦纳和孟加拉国，到巴拉圭和菲律宾。[29]

非政府组织经常以中间人（经纪人）的身份协助 TFCA 达成协议并提供额外的资金。自然保护组织和国际保护组织各自贡献了 126 万美元来帮助 TFCA 完成 2007 年的自然保护债务互换，在这次的转换协议中美国免除了与哥斯达黎加之间的价值 2 600 万美元的债务。[30]此次债务免除将使哥斯达黎加在接下来的 16 年里资助森林保护事业，并帮助农村居民及土著人在从事保护一个对未来的几代人而言都意义非凡的事业的同时，能够满足基本的生活需要。这笔资金中的一部分将被用于对拉阿姆斯达地区实施保护，它是一片生活着哥斯达黎加 90％已知植物物种、超过 350 种鸟类以及巨型食蚁兽和豹猫等珍稀物种的热带雨林。[31]

2006 年，国际保护组织和自然保护组织同样在免除美国与危地马拉之间价值 2 400 万美元的债务的过程中起到了重要的作用。这笔资金将会在接下来的 15 年里转移到当地的一个保护基金中，以补助的方式进行分配。这些补助金将主要用于保护危地马拉的森林、热带雨林、沿海的红树林沼泽以及当地的许多珍稀和濒危物种。[32]

2009 年 6 月，美国政府签署了迄今为止规模最大的由 TFCA 主导的自然保护债务互换。国际保护组织作为中间人为这项协议提供了担保，它免除了美国与印度尼西亚之间将近 3 000 万美元的债务，而作为交换条件，印度尼西亚需要承诺保护之前遭受了严重破坏的苏门答腊岛热带雨林。[33]这项债务的免除将有助于为岛上的居民提供生计并保护一些濒危物种（包括老虎、大象、猩猩和犀牛等）的生存环境。在 8 年的时间里，印度尼西亚政府将通过信托支付的方式支出近 3 000 万美元资助苏门答腊岛热带雨林的保护和重建工作。这项保护工作会进一步扩展到对苏门答腊岛热带雨林 13 个重点区域进行保护，而这些区域是数以百计的濒危动植物赖以生存的家园。[34]

排放权交易市场

建立一个绿色经济最为实用的方法就是对消费者和企业造成的环境破坏进行正确的定价。一旦这些消极的外部效应内部化，它们成为产品和服务价格的一部分，将会创造出真正的激励机制和清洁技术。

运用这些原则去修复市场失灵，最经典的案例之一是总量控制与排放权交易市场。在这种市场中，总量（或者被允许的最大污染量）由政府规定。企业、工厂及其他实体提供或出售向某区域排放一部分污染量的许可权。如果一个组织的排放量少于其分配量，那么它可以将未使用的许可权出售或交换给那些已超过限制的组织。通过经纪人或有组织的市场，实体之间能够对这些许可权进行直接的交易。这种方式使个体企业对是否以及如何减少其排放量和减少多少拥有了灵活的选择权。

市场能够以尽可能低的成本来实现减排的目标。在这种市场下，公司将会选择最有利的方式来遵循排放规则，创造有竞争力的激励机制来研发新的清洁能源。这种动力加快了创新的速度，创造了新的创新机会，并迅速降低了合规成本。换句话说，熊彼特的创造性破坏理论（在第三章企业金融创新中提到）明显适用于环境市场。发明、创造和大规模的复制也是物理和金融技术运用和发展所需要的。

美国酸雨治理计划和二氧化硫排放权交易市场

如今绿色行动最为关心的就是全球性气候变暖。但早在20世纪七八十年代，酸雨就成了人类公开的头号敌人。酸雨由发电厂和工业烟囱喷出的二氧化硫和氮氧化物与大气中的水蒸气混合而成。当科学家观察到鱼、藻类和青蛙死在湖泊和河流里之后，警报开始拉响。酸雨不仅影响森林，庄稼和建筑，而且侵蚀汽车上的漆，还损坏古迹。这个问题范围广且情况复杂，不可能通过简单的命令和控制方案来解决。毕竟二氧化硫是由成千上万的独立个体排放的，并受到多个监管机构的监管。[35]

曾供职于美国环保署的埃里森·伯顿（Ellison Burton）和威廉·桑焦耳（William Sanjour）这两位经济学家，基于科斯等人的工作，决定从一个独特的角度来处理这个问题。为了找到一个低成本、分散治理的解决方案，他们想到的点子是创建控制排放的现行市场。关键是设计污染惩罚和相关激励机制来改变人们的行为。[36]

美国在1990年通过了新的《清洁空气法案》（the Clean Air Act），使得事情有了突破性进展。与此同时，美国环保署对硫和氮氧化物规定了排放上限，并建立了污染许可证贸易制度。1990年的《清洁空气法案》第四条称，要建立限额市场体系，也就是今天所称的酸雨治理计划，它最终成为所有其他主要污染物排放权交易的模型。最终目标是使年度二氧化硫排放量降低到1980年排放量的一半。随着对发电站加强运转限制的两阶段办法的实施，污染总量逐渐降低。[37]如果没有对限额允许范围内污染总量进行有效的监管，排放限额市场不能单独起作用，也不可能对排放权进行精确的定价。

当美国国会于1990年在全国范围内全面限制发电产业的发电量时，

工厂有一个选择：它们可以投资更清洁的燃料或减排技术，或者可以从那些设法将自己的多余排放权出售的工厂那里购买额外的排放权。购买多余的排放权可以使得陈旧、低效率的工厂遵守新规定，使得新规定以最低的成本实现。[38]

1995—1999 年，在项目的初始阶段，限额市场只大约包含国家工厂的 1/5，但这些工厂都是最大的污染者。2000 年后开始进入项目的第二阶段，超过一定规模的发电厂几乎全部进入了这个市场。该项目的主要特征之一是"储蓄"被允许：虽然工厂不能借贷未来的许可权来污染今天的环境，但是能够节省现在的限额以供未来使用。这提供了额外的灵活性和更有意义的价格信号。

世界开始关注开展限制和交易污染物排放权所取得的环境方面的重大进展。最初的目标是到 2010 年时，每年的二氧化硫排放量减少一半，但总量管制和排放权交易市场使得这个目标提前三年得以实现，并且其成本低于最初的估计。[39]

1992 年，排放权的价值估计在每吨 981～1 500 美元的范围波动。到 1998 年，芝加哥交易所大规模拍卖每吨 115 美元的限额[40]（值得注意的是，燃烧低硫煤技术和提供较低燃料成本技术有助于降低这些成本[41]）。价格在 2004—2006 年上升到每吨 1 400 美元，但很快就降了下来。在 2008 年，二氧化硫的限额下降了 65％；这种趋势持续到 2009 年，在当年 5 月，价格降到每吨 71 美元。[42]

随着 2010 年末二氧化硫的污染总量被设定在 875 万吨，这大概是 1980 年污染物排放量的一半，该项目得到全面实行。事实上，2008 年的排放量降低到 760 万吨的水平。一个被广泛应用的研究估计，在 2000 年项目实施的第二个阶段，排放权交易的成本每年节省了 7.84 亿美元。[43]

这大约只是在命令和控制模型下所实施成本的 43%。[44] 环保署称，该项目节省了数十亿美元的医疗费用，这是因为排放到大气中的污染与引起心脏和肺部疾病有关。[45] 总之，美国酸雨治理计划被称为是第一个成功的大规模环境市场模型。

二氧化碳排放权交易

由于碳排放量会影响到气候的巨大变化，为碳排放许可量建立一个交易系统，等同于为无限放大的社会、经济和健康后果购买低成本的全球风险保障。众多经济学家［包括理查德·桑德尔（Richard Sandor）和尼古拉斯·斯特恩（Nicholas Stern）爵士，英国对全球变暖做出里程碑式的研究的作者］已经论证了减少温室气体排放的经济迫切性，不认识到这一点就要为今天的不作为付出沉重的代价。对于气候变化采取果断措施、及早行动的好处远远大于在未来接受不可逆的影响，这些不可逆的影响包括阴晴不定的天气、沿海地区的破坏、干旱、饥荒、物种灭绝和迁移的成本。[46]

工业化国家利用金融创新可以在降低二氧化碳排放量方面取得显著的进步，这些金融创新能降低合规成本，惩罚对环境有害的行为，并建立激励机制来改变这种行为。要实现这些目标并不容易，因为产生的温室气体排放的化石燃料涉及全球经济的各个方面；排放已经成为我们日常活动的一部分。一项研究预计，如果设定一个积极的上限，能使碳排放量减少到目前的 50%，这低于 1990 年的碳排放水平。到 2050 年，这将导致每年的 GDP 下降 1%。这是一个显著的但可以接受的成本。这项研究还预计，每吨碳的排放价将从 2015 年的 41 美元上升至 2050 年的 161 美元。这将导致传统的燃煤发电到 2040 年失宠。如果这些排放权被拍卖，这个交易系统还可以带来每年数千亿美元的政府收入。[47]

但以市场为基础的解决方案的值得注意的方面是，减少我们的碳足迹不仅是可行的，而且与经济增长目标是一致的。对温室气体排放量津贴实施总量控制与交易计划将确保环境政策只对美国经济产生相对有限的影响。事实上，发展"绿色经济"的好处包括，不能形成一个提供环境服务的新兴产业。通过征税或监管解决排放问题要承担整体经济增长放缓的风险。但总量控制与交易系统仅使资本从经济的一个部分转移到另一部分，放缓"污染"部分而不是绿色产业的跳跃性增长。[48]

二氧化碳交易市场已经形成，无论是自愿的（如芝加哥气候交易所，是目前北美唯一的经营所有六种温室气体的总量管制与交易系统的金融机构）还是强制的（如欧盟排放交易系统）。芝加哥气候交易所的成员——包括许多财富 500 强的公司和主要公共事业单位——作出了自愿但具有法律约束力的减少温室气体排放的承诺。它们赞成这个交易的原因各异，有的是为了增加自己的碳汇，有的是为在将来该项目变为强制执行之前建立优势。美国东北部的十个州已经为它们的电力部门建立了配额计划[49]，称为区域温室气体减排行动（RGGI）。加州可能会采用类似的方法，因为它的目的是落实 2006 年授权减排的立法。在我们撰写本书的同时，国会正准备讨论这一具有里程碑意义的立法，该立法会在全美国出台一项强制性的总量管制与交易制度。与此同时，商品期货交易委员会已经开始对芝加哥气候交易所作出规范——确切的信号表明，市场已经达到了一个新的成熟水平。[50]

欧盟排放交易系统于 2005 年成立，是世界上第一个限制二氧化碳排放的总量控制和交易系统，至今它仍然是最大的一个市场。这个系统成立三年的试运行期带来了一些启示，正如研究全球气候变化的皮尤研究中心在一份评估中描述的那样。发放给一些企业的排放权最初是过高的，造成了价格波动。但排放权银行和借款以及更好的信息流和交换机制为更长的交易期分配津贴，应该能解决这个问题。总体来看，市场已经以惊人的速度和平稳度在发展，尤其是考虑到涉及主权政府的数量。它为交易补贴设定了一个公认的价格，机构、注册地和监控流程的基础设施也在迅速形成。交易量也稳步增长。企业已经开始把价格补贴融入到它们的决策中，从而把外部性进行内化。[51]

总量管制与排放交易系统的成功始于商品的标准化（抵消额）。交易行为促进了价格的发现和以降低交易费用为目的的基础设施及相关机构的建立。它是一种由套期保值和期权演变而来的系统，正如在其他市场中起到了重要的作用那样，总量管制与排放交易系统同样促进了全球的协调与整合。如果中国和美国这两大温室气体排放源共同构建了一个全球化的市场，那么其影响将是彻底的、具有革命性的。[52]

在应对气候变化方面，弹性化的系统将有助于提高资金的使用效率。[53]总量管制与排放权交易系统允许个人自行决定采用何种清洁技术。市场机制取代了政府选择创新方向的地位，并通过竞争的方式鼓励技术的突破和成本的节约。

除了总量管制与排放交易系统之外，同样也有通过互助合作的方式减少全球温室气体排放量的方法。《京都议定书》中包括了一部分被称为"灵活机制"的规定。这些规定允许工业化国家通过向其他工业化国家购买温室气体排放限额的方式达到它们的减排目标，或者通过资助项目支持发展中国家减排工作的完成，再或者可以向发展中国家购买排放限额，但要支付额外的补贴。

即使一个发展中国家没有温室气体排放限制，现在也有了一项财政激励促使它创造减排项目，获得"碳排放限额"或者抵消额并将其出售给发达国家从而获取收益。清洁发展机构（DCM）同时允许新兴经济体和工业化国家通过投资发展中国家的减灾项目获取收益。项目首先需要得到发展中国家"指定权威机构"的批准，随后移交至清洁发展机构执行委员会进行鉴定，而这一执行委员会是《联合国气候变化框架公约》（UNFCC）的缔造者。[54]CDM 交易系统的标准化成为了降低交易成本的关键，这得益于它之前在各种金融市场中作为一种工具而得到的充分应用。

公共物品市场

排放权交易的原理和模型被应用到其他环境挑战中，这很有可能带来金融创新的"大合唱"。

拯救海洋和渔业：个人可转让的捕鱼配额

数千年来，渔业被公认是一种公共资源。大部分人认为，海洋鱼类资源的供应量是无限的。但是人口的增加以及渔业的工业化以惊人的速度耗尽了鱼的存量。恢复渔业的健康是全球紧迫关注的问题，因为将近 30 亿人依赖鱼类获得 15％ 或者更多动物的蛋白（在一些新兴国家，约占动物蛋白的一半以上）。[55]当渔民竞相利用最后的资源而不是为未来补充存量时，悲剧即将上演。

2006 年，生物学家鲍里斯·沃姆（Boris Worm）发表了关于世界渔业状况令人心痛的报告，他认为，持续糟糕的行为将导致鱼类在 2048 年受到全球性打击。[56]然而，2009 年他发布了看到光明前景的更新研究，指出 1/2 的主要渔业国（包括美国）采取了保护—管理措施，使鱼类资源得到了明显的恢复。尽管有这一明显的迹象，他仍警告称，尚有大量工作有待完成：许多物种仍然受到威胁，63%的鱼类需要恢复。[57]

很明显，密集地捕鱼使鱼类数量的存续濒临危险，命令和控制方法被尝试，如限制区域的捕鱼时间或限制船只数量。但是这些措施不仅未能达到目的，反而造成了疯狂的"捕鱼潮"。渔民付出了更高的成本，但鱼类资源的存量没有恢复。

现在金融创新应用到这个领域，目的是恢复存量，提高捕鱼标准和收入，并且使当地渔业经济可持续发展。老话说得好：捕鱼如银行的账户，靠利息生存，保持本金完整（海里的鱼犹如账户的本金），捕捉"利息"。"有限特权项目"（LAPPs）按一定比例将渔业捕鱼总量分配给渔民个体、社区或协会。捕鱼配额管理模型最先在澳大利亚、新西兰和冰岛推行，现在美国也开始实施。

在传统体制下，渔业管理者设定最大捕鱼量，在整个渔业达到极限之前，渔民尽可能地捕捞。现在的捕捞配额项目类似于排放权的总量管制与交易制度。科学家确定某区域年度最佳捕鱼数量，设置总捕获量（TAC）。依据历史捕捞量或销售量，将总捕捞量的份额许可分配给渔民。然后渔民可以通过个体捕捞份额（IFQs）和个体可交换份额（ITQs）进行买卖或者将其出租。用有限的捕捞权去捕捞有限数量的鱼，本质上是由政府把一种财产权转变为私人产权。

目前在美国大约有12个渔业"捕捞配额"项目。为了恢复枯竭的鱼类资源，弥补由于过度捕捞对海洋造成的损害，奥巴马政府最近作出了增资的决定，以促使该项目在渔业上的应用。[58]

捕捞配额项目增加了鱼的数量并将渔业崩溃率降低了一半。根据克里斯托佛科斯特洛对已经实施ITQs的121家渔业企业进行的研究，该项目已经制止甚至逆转了全球渔业崩溃的趋势。[59]美国环保协会做了为期 14 个月的调查，发现该项目减少了超过 40％ 的"副渔获物"（捕捞目标以外的生物物种），并且使得捕捞相同种类鱼的行为减少了 20％，从而减少了对海洋栖息地的破坏。该项目还使以捕鱼为生的社区的每条船增加了 80％ 的经济收入。[60]

➤ 新西兰的渔业故事

被大海包围的新西兰，拥有着看似无限丰富的海洋资源，在 20 世纪 70 年代之前，从来没有人认为鱼是一种有限的资源。但在 80 年代早期，事情开始发生变化，越来越多的船只在海中航行但收获颇微。不可否认的事实是，鱼类资源正在消失，并且新西兰作为海产品第四大出口国的地位也不再稳定。

法令和捕鱼禁令已经被尝试但无济于事。当似乎什么都不起作用时，渔业和政府开始转换思维：放弃命令捕鱼和限制捕鱼船只的方式，取而代之的是规定捕鱼量，并应用到市场去实现。

1986 年，政府引入了配额管理制度，科学家每年确定每个地区每个品种的最大可持续捕鱼量，依据评估的捕鱼量，政府为每个渔业组织和个体（依据历史平均捕鱼量）设定配额。

重点是个体配额可以租赁、购买、出售或转移（尽管它们不能跨地区或物种交易，或者为未来而交易）。该条款被应用到最有效的地方。

自配额制度提出以来，虽被扭曲了，但它直到现在仍然起作用。证据表明，鱼的数量已经出现明显的复苏现象。新西兰建立了对渔业管理的一种新的思维方式，这在世界资源管理上占据领先地位。[61]

湿地缓解与生物多样性银行

人类活动已经对地球生物的多样性造成了破坏性的影响，而且影响的程度在日益扩大。与此同时，虽然带来了巨大的利益，但生态系统和发展中国家的贫困人口却要付出惨重的代价，因为以前他们可以"免费"享受到的服务（例如清洁水、可用的渔场、森林资源）都将消失了。

联合国《千年生态系统评估报告》指出，生物多样性在过去的50年里一直在发生变化，这在人类历史上是前所未有的。据报道，自然栖息地和生物物种的减少比例由每年0.5％上升到1.5％，在最近的60年里被转化用作耕种的土地比18世纪和19世纪的总和还要多。在过去的几十年里，全球四分之一的珊瑚礁已被破坏或退化，超过1/3的红树林已经消失，这些都使沿海地区防御暴风的能力大大降低。[62]

将生态系统服务的现实经济利益量化是将这些影响引入商业决策的第一步。各种方法正在被尝试，包括支付分层服务和"生物勘探"。一些公司如果想进入生物多样性库存丰富的领域必须付费，如果它们发现的化合物或者基因能够生产出新的商业产品，最终这些公司将会分得一定份额的利润。

最早在美国的《清洁水法案》中提及一些基本的内容。该法律规定，开发者若想疏通或者填充湿地，必须经过美国陆军工程兵团或环保局审核。开发商会尽量避免或减少对土地造成的破坏，但如果实在无法避免，法律规定这些开发商必须在相同的区域"创造、增加或修复"具有类似功能和价值的湿地，因此政府要求开发商将保护湿地看成是一种责任。开发商可以求助于第三方帮助他们积累信用以便获得审批，由此诞生了湿地缓解银行。强制力是这一计划的关键组成部分，同时作为政府机关必须核实湿地信用是真正具有可比性的，而且土地能够按计划永久使用。虽然很难得到一个确切的数据，但据估计，最近已经有 400 多家湿地银行在美国运行，每年能创造 30 亿美元的市场价值，这其中的大部分处于初创期。[63]

除了湿地缓解银行，同样的概念将进一步延伸并应用于濒危物种。但不是简单地只规定让土地所有者保护稀有物种，而是通过濒危物种法案设立机制对他们进行奖励。如果啄木鸟等飞行类濒危物种栖息在开发商的物业小区里，开发商可以得到破坏它们的栖息地的许可，但同时必须在其他地方给这些物种创建或保存一个栖息地，因此开发商不得不三思而后行。如果他们执意要进行开发，那就必须付出成本，因此持有类似栖息地的其他业主会突然发现自己手里的东西值钱了。"保护银行"或"物种银行"相对来说是一个比较新的概念，但是逐渐获得了关注。澳大利亚的新南威尔士州和维多利亚州相继推出类似的项目以保护生物多样性和本土物种。[64]

这个新兴领域并非没有争议和成长压力，但对生物多样性赋予价值已经引起了各国及其领导人的关注并被付诸行动。例如，2008 年 12 月，美国农业部宣布组建新的生态系统服务和市场部门。在 2007 年的波茨坦会议上，八国集团环境部部长同意启动一项主要致力于对生物多样性的全球价格进行评估的项目，在他们的陈述中，强调了金融创新在拯救地球的过程中发挥的重要作用。

我们将探索让金融业促使政府有效地把生物多样性融入到决策机制中的机制，提高现有融资机制的财政管理并探索额外创新机制的需要和选择，来保护生物多样性和可持续发展，一起抗击贫困。由此而论，我们将会验证其理念以及对生态服务系统的可行性。[65]

结　论

　　创建可持续的经济需要对研发新的产品方法和手段、可替代能源、清洁的技术以及新的绿色工厂进行投资。而这些对资金的巨大需求极大地触发了金融创新运动。

　　识别出导致环境退化的具体市场失灵问题是其出发点。创新者通过研发新技术来定义环境产品和服务，设计能够解决环境问题的市场机制和资本市场，开启真正保护空气、水、鱼类资源、野生动物和生物多样性的大门。

　　识别及内化环境成本，为环境产品和服务定价的工具及解决环境问题的融资项目已经出现了。新的市场已经建立，并迅速成熟起来。创建新的资本结构及建立权益和债务投资者的互惠互利关系，这些都增加了所有类型的绿色项目的可用资金。

　　正如有远见的思想家能应对我们面对的最严峻的挑战，并谋划出创新性的新策略来减少我们对地球的破坏一样，该领域也有其源源不竭的动力。

6

发展中国家的金融

有填补中小企业的金融服务缺口的模式吗？我们怎样才能识别和评估中小企业的现金流？什么样的投资结构能够以循环方式增强中小企业的信用和灵活性？

许多金融创新能够被应用于解决资本缺口的问题上。可以创建信用增级资金来提高资本结构的收益，降低私人部门在这些项目的风险。

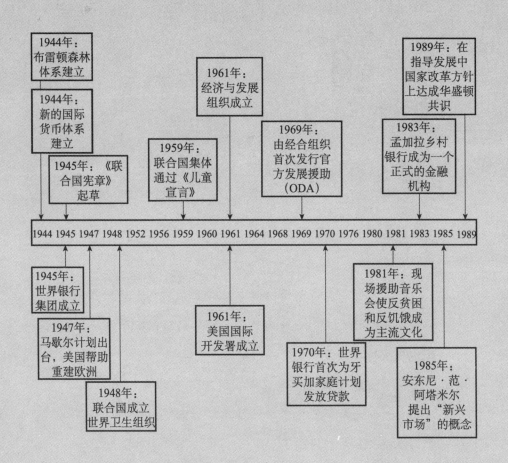

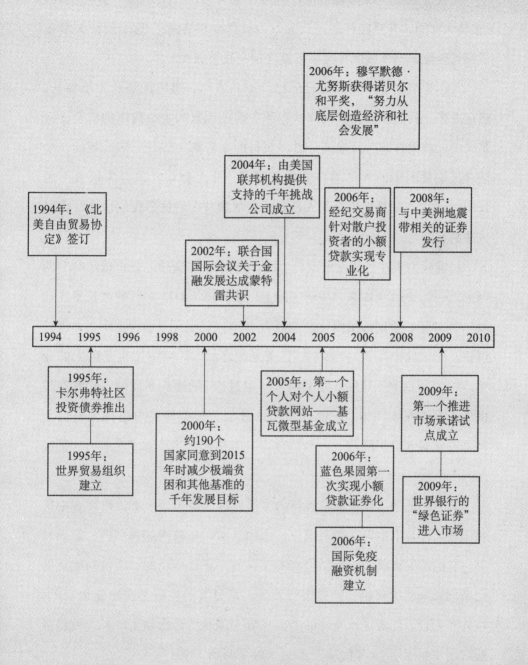

2006年：穆罕默德·尤努斯获得诺贝尔和平奖，"努力从底层创造经济和社会发展"

2004年：由美国联邦机构提供支持的千年挑战公司成立

2006年：经纪交易商针对散户投资者的小额贷款实现专业化

2008年：与中美洲地震带相关的证券发行

1994年：《北美自由贸易协定》签订

2002年：联合国国际会议关于金融发展达成蒙特雷共识

1994 1995 1996 1998 2000 2002 2004 2005 2006 2008 2009 2010

1995年：卡尔弗特社区投资债券推出

2005年：第一个个人对个人小额贷款网站——基瓦微型基金成立

2009年：第一个推进市场承诺试点成立

1995年：世界贸易组织建立

2000年：约190个国家同意到2015年时减少极端贫困和其他基准的千年发展目标

2006年：蓝色果园第一次实现小额贷款证券化

2009年：世界银行的"绿色证券"进入市场

2006年：国际免疫融资机制建立

像奴隶制和种族隔离一样，贫穷不是天生的，纳尔逊·曼德拉说："它是人为的，并且能够通过人类行为被克服和消除。"这个挑战关键在于发展金融，这个领域在金融创新之前一直被忽视。

人们为消除全球贫困的目标已经奋斗多年，事实证明这并不容易，痛定思痛，我们应重新审视那些导致失败的因素和被浪费掉的机会。但是未来的前景并非一片惨淡。世界银行的报告称，1981—2005 年间，生活在极端贫困中的人口的百分比下降了一半。有 5 亿曾经为每天不足1.25 美元收入而挣扎生存的人现在已经摆脱贫困，这是我们这个时代最成功的案例之一。[1]

可能最引人注目的发展出自中国，它在 30 年前曾经是全球最贫穷的国家之一。1990 年以来，中国实际上以平均每年超过 10％的增长率在发展。2008 年，中国的国内生产总值为 79 000 亿美元（已根据购买力进行调整）仅仅位于美国（143 000 亿美元）之后。印度也发生了巨大的变化。1990 年以来，印度实际上以每年超过 6％的增长率发展。它现在是世界上第四大经济体，它的国民生产总值在根据购买力进行调整后为33 000 亿美元（尾随前三大经济体，日本的国内生产总值为44 000 亿美元）。[2]

贫穷的地基已经松动并且新的中产阶级已经出现，不仅出现在中国和印度，而且也出现在新兴国家，比如巴西、马来西亚和韩国。显而易见，它们的发展模式就是创造实实在在的、基础广泛的、能带动就业的经济增长来减少贫困。世界银行发现，最显著的发展是在东亚出现的，这并非巧合。随着区域经济的迅猛发展，国际贸易得到了增长，使得极端贫困率在短短 24 年间从近 80％大幅下降到 18％。[3]

虽然这种发展势态很让人兴奋，但它还没有渗透到全球所有贫困的角落。在一些地方，比如撒哈拉以南的非洲地区，可怕的健康危机阻碍了生产力，使它进展不大。撒哈拉以南的非洲地区每天靠不足 1.25 美元生活费度日的人口比例从 1990 年的 55.7% 下降到 2005 年的 50.3%。但是，由于人口的增长，在此期间该地区生活在极端贫困水平的人口数实际上增长了 1 亿。[4]

克服经济增长的发展差距是我们这代人的中心任务。传统的外国援助——贷款、捐赠和由各国政府或多国机构资助——是非常关注减少贫困和全球健康问题的。毫无疑问，它扮演着一个持续并且重要的角色。但是迫切需要金融创新浪潮来对这一模式加以补充，使发展中国家真正融入全球经济。

依靠低储蓄率、不发达的金融系统以及储蓄者和投资者（包括国内和国际）之间不充分的金融中介，增长是不可能持续的。健全的银行系统和透明的市场是可持续发展的基础。金融创新需要积极地参与努力构建金融机构的基础和扩大信贷和金融服务，这能为更高的增长率提供动力。

除了金融基础设施建设以外，发展中国家有急迫的物质和社会基础建设需求，巨大的资金流需要被动员起来支持这方面的努力。诺贝尔经济学奖获得者加里·贝克尔（Gary Becker）和其他人一再强调人力资本投资在决定收入时的重要性，无须惊讶，受过更多教育的人比教育程度较低的人的收入上升的速度要快。[5]显著增加受教育的机会对于确保整个民族更广泛更公平地享有所得是重要的，因此它减少的不仅仅是国家之间的不平等，也是国家内部的不平等。关注于能增加人力资本生产率（不仅是教育，还有医疗、住房，通信和交通方面的投入）的这些要素将使发展中国家在贸易、技术及资本流入方面有更大的优势。

在过去的 30 年间，只有在一个更加开放和一体化的世界经济中，反对贫困的巨大进展才能够发生。世界银行的增长与发展委员会指出："增长本身并不是目的。但它可以实现个人和社会的其他重要目标。它能够使人们摆脱贫困和单调。没有别的了。"[6]

金融发展的范式转变

每当国际峰会召开，或一个新的美国总统上任后，马歇尔计划就会被重新提及，作为援助发展中国家的路线图。那项政策与约翰·F·肯尼迪的"争取进步联盟"、乔治·W·布什的"千年挑战"、奥巴马近期呼吁的新全球发展倡议相呼应。

在马歇尔的计划下，美国向欧洲经济投入数十亿美元的资金来重建被第二次世界大战蹂躏的土地。美国加快欧洲复苏的成功为一代人指出援助别国的方向，而且意味着在全球范围内官方援助竭力通过这类相同的模式来进行。

正如本章开头的时间图所显示，金融在第二次世界大战后由于各种原因获得了真正的发展，包括导致曾经在欧洲帝国主义统治下的国家实现非殖民化。冷战同时引发了东方和西方在欠发达国家的影响力和资源积累方面的竞争。

这个时代见证了专注于金融和促进发展的大型机构的建立，这是一种促进战后稳定的手段。其中包括美国代理国际开发署（USAID）、德国发展银行、经济合作与发展组织（OECD）、世界银行、国际货币基金组织（IMF）、当然还有联合国本身。

在维护健康水平、教育和对极端贫穷国家的社会服务方面，政府和多边机构的援助支出在随后的几十年内发挥了至关重要的作用。但是仅仅援助本身并不能带来那种自我维持和变革性的强劲经济增长。金融创新需要挺身而出，并且设计新的，能补充援助的角色的模型。

事实上，20 世纪 90 年初期，私人资本流开始超过政府发展的双边和多边流量。[7]这标志着世界经济的深刻转变，为广泛的就业增长增加了新的可能。

在吸引投资的新一轮高潮中，一个术语的关键性变化起到了支持性的作用。多年来，"欠发达"的标签已经损害了对发展中国家的评估，产生被低估的评价和随意的折扣。"欠发达国家（最不发达国家）"和"第三世界"让位给"新工业化国家"（NICS）。然后，20 世纪 80 年代初，曾担任世界银行财务运作处处长和国际金融公司资本市场部门副主任的安东尼·范·阿格塔米尔（Antoine van Agtmael），创造了一个新的术语——"新兴市场"。[8]

这个新的概念是一种绝妙的市场营销。现在发展中国家有了一个名称来反映它们所呈现出的经济潜力和投资机会。在术语发生变化的短短25 年后，经济学家宣称："世界正在经历着史上最大的革命，因为经济力量从发达国家转向中国和其他新兴巨人。由于市场改革，新兴经济体的改革要比发达国家快得多。"[9]今天新兴市场占全球 GDP 的比重有望超过老牌经济强国。[10]

很明显，应对全球贫困的主要战斗路线已经转移。但是收益并不平等，还需要提高数十亿人的生活水平。现在金融创新的挑战是找到一种能够更广泛地复制过去 30 年取得的前所未有的成就的方法。

马歇尔计划涉及非洲、拉丁美洲部分地区、亚洲最贫穷的地区以及中东的非产油国，而不仅仅是欧洲国家。2000 年，世界各国领导人在联合国为制定发展策略召开了一个雄心勃勃的会议。千年发展目标（MDGs）就消除极端贫困和饥饿，提供普及教育，提高儿童和妇女健康水平，防治艾滋病毒/艾滋病，以及其他崇高的愿望提出正式承诺。它的确显示了在2015年减少极端贫困的初始目标，但更大的议题尚未确定。

世界银行2002年的一项研究估计，每年有400亿～700亿美元的额外援助将用来满足千年发展计划。[11]全球金融危机之后，只有很少的捐赠国家能够提高援助水平。2009年，联合国专门报告小组称捐赠国无法兑现在格伦伊格尔斯八国集团会议上作出的每年340亿美元的承诺。[12]

有趣的是，在中国，有人呼吁用23 000亿美元外汇储备中的500亿美元，作为中国的"马歇尔计划"借给非洲、亚洲和拉丁美洲。这样做目的是帮助提高它们的生活水平，并增加它们对中国产品的需求。[13]

但是这仅仅是增加援助的一个结果吗？经过数十年和数万亿美元的对外援助，捐助国和新兴国家对这一传统方法提出了同样的质疑。是的，对外援助减轻宏观经济冲击，缓解人道主义紧急事件，提供关键的医疗和教育。最好的是，它能够建立进一步发展的基础设施。但是，事情并不总是和想象的一样。

传统的对外援助充满着负担：沉重的债务负担，腐败官员挪用专用资金的频率，资金流向的不可预测性，对创新的扼杀，对依赖文化的担忧。越来越多的人意识到，援助在缺乏强有力的机构来执行以及接受国的透明度不好的情况下不可能完全有效。[14]

寻找援助之外的措施，通常协助经济发展的措施是达不到这一目标的。外国的直接对外投资没有多到足以带动需求和增长的程度。金融机构和资本市场发展不足，导致资本组合的资本流动在许多发展中国家和前沿国家都不理想。主权债务的削减有利于巩固政权，但没有真正为贫穷国家加强基础设施建设。小额贷款旨在为贫穷国家缺乏资金的人提供小规模贷款，正广泛地成为一种流行的方式。但它不是理想的灵丹妙药：在有些地区它的渗透力是有限的，虽然能在一定程度上减轻贫困，但不能带动经济朝全球中层水平增长。一些批评者开始对它的有效性提出质疑。[15]

金融创新出现的时候到了。大量新的基础设施项目和能够带动就业的中小企业都是资本迫切需要的。除了帮助发展中国家建立银行系统和制度框架之外，一个主要的挑战就是实现"金融的包容性"，也就是说，把信贷和金融服务扩展到以前排斥它们的群体。

这也许是人类有史以来面临的最庞大、最复杂的金融创新挑战，解决这些问题的创造策略刚刚浮出水面。找到正确的答案可能需要多年的试验并可能会犯错误，但成功会迎来那种消灭干预措施的需求的增长。采取适当的工具和适用的资本结构，私人投资者能够打开新的市场，通过利用企业和基础设施融资的能力来激发广泛的共享和可持续繁荣。

金融基础设施建设，中产阶级建设

实证研究通过跨国分析发现，经济和金融之间有很强的联系。[16]比较发达国家和发展中国家的金融体系和发展结构，并考虑到它们对经济成果的影响，一些重要的建议被提出：

● 关键是稳妥地发展多元化金融体系。

● 国有银行应该私有化，外资银行应该被允许获得国内银行资格。

● 发展中国家应该提升金融体系，允许分散的私人所有者提供金融资源。

● 银行不应该禁止使用最新的信息技术。

● 政府应该为金融环境提供一个适合的法律、监管、执法和会计环境。[17]

在一些新兴市场，系统性和制度性的问题限制了经济增长，并阻碍经济得到更广泛的参与。金融中心可能集中在少数的精英圈里，或者一个国家可能缺乏产权、完善的执行合同的法律体系、市场透明度和良好的公司治理。[18]这些障碍导致金融技术难以到达世界的大部分地区，并阻碍许多国家的市场变化。建立市场和调整结构及能力是真正的促进经济发展的关键组合。

➤ 走向移动时代

建立全球中产阶级关键是扩张普通人群能够负担得起的信贷、储蓄和投资机会。但是来自金融准入倡议的报告估计，超过一半的成人群体没有使用正规的金融服务进行借贷。那些没有使用正规金融服务的成人群体中，大约有22亿分布在非洲、亚洲、拉丁美洲和中东。[19]

新的移动技术正在改变这一切。截止到2007年底，发展中国家的固定电话的普及率仅为13%，但有超过20亿移动电话用户，普及率为39%。通信技术的进步不仅仅是危险或偏远地区的生命线，而且也提供了新的服务比如手机银行和支付系统。由于新一代手机能提供高速的网络，网络普及率在发达国家和发展中国家之间的差距正在快速降低。[20]

在一些区域固话通讯线不可能到达，手机已经成为中小企业的选择。这个新的平台甚至可以让农户在不同市场间比较产品价格；他们能够在卖出产品之前了解到哪里能得到最好的收益（2009年，谷歌因为对这一市场推出主题服务而成为农民的朋友）。[21]哈佛大学经济学家罗伯特·詹森（Robert Jansen）写道，印度海岸的渔民在带准顾客到他们的商店之前就已用手机将鱼卖给了潜在顾客，这项技术提高了他们的利润，同时也降低了产品价格。[22]

金融的包容性使来自60个国家的中央银行官员形成联盟，它得到来自盖茨基金会的0.35亿美元资金的支持，并于2009年建立。新联盟的目标是在未来几年将金融服务传播到之前排斥它的5 000万人群中。这一目标通过手机移动银行来实现。肯尼亚的移动货币作为公司的产品之一在联盟的首次论坛上得以展示，自2007年成立以来，它的用户已增加到740万。该服务允许顾客用手机来存储现金、转账、支付、取款。[23]

开发官员曾为世界上富国和穷国之间的数字鸿沟发出哀叹。几年前，手机曾作为富有人的象征，但是现在手机作为新技术的一个模型，邀请穷人加入到全球经济中。

此外，开发银行需要使用工具提前筛选出高风险的借款人（克服逆向选择）并且一旦借款者把钱用于投资，就确保他们的回报前景（防范道德风险）。[24]弱的会计准则、第三方信用信息的有限性、抵押品使用的限制性、管理规模小的交易和项目的高本、筹集持续资金的困难，这些都是金融发展领域面临的问题。[25]

信息技术的进步正开始改变这种现状。今天比以往任何时候都更能够准确地为投资者、所有者和监督者提供自由流动的经营和财务信息。但是金融技术有它自己的敌人。在许多发展中国家，根深蒂固的寡头政治已经开始支持那些把国有企业私有化的导致权力和经济分离的改革。

阿斯利·德米尔古克（Asli Demirguc—Kunt）和罗斯·莱文（Ross Levine）的一项研究显示，如何将提高信贷市场和提高扎实的金融基础设施转化为经济机会：

> 进入信贷市场增加了父母对子女教育的投资，并且当出现减少
> 家庭收入的不利打击时，可以降低辍学率。此外，越来越多的证据
> 表明，更好地发挥金融系统功能能够刺激新公司的形成，帮助规模
> 小但有前途的公司发展成大公司并进入金融系统。除了增加金融服
> 务的直接好处外，研究还表明了金融降低劳动力市场机制的不平等
> 性。具体地说，跨国研究表明，个体层面和企业层面的分析显示，
> 金融发展加快了经济增长，加剧了竞争，提高了劳动力的需求，不
> 成比例地使处于收入分配最底层的人们受益。[26]

虽然国家见证了由于增加的多国援助和投资的信贷扩张，但国家没
有得到真正的增长，除非它更广泛地接触到银行、正规的金融机构和融
资市场。大量的证据表明，金融市场的深度和广度的增加加快了全球经
济的增长。不平等的减少与发展和信贷市场的运行是有关联的。[27]

小额信贷革命

1976 年，发展金融的一个全新的模式没有出现在华盛顿的权力大
厅，而是出现在被遗忘的乔布拉街道——孟加拉国的一个贫困村里。穆
罕默德·尤努斯，一名经济学教授，离开他的课堂，冒险深入了解是什
么因素阻碍人们摆脱贫困。他很快意识到由于接触信贷机会的缺乏使得
人们任由高利贷摆布。出于对这些人的同情，他从钱包里拿出 27 美元借
给了编竹凳的妇女。在这个过程中，他推行了小额信贷运动，这个运动
比传统的自上而下的援助模式更加贴近基层。

到 1983 年，尤努斯创建了孟加拉乡村银行，使之成为一个正式的金融机构。它给没有抵押品的穷人提供贷款。该银行成功地运用了团体借款模式，该模式促使借款人对他们的邻居承担还款责任。事实上，银行称它的贷款回收率为 97.66％。它逐渐发展壮大：自成立以来，它服务于 85 000 个村庄，拥有 800 万借款人，并贷出 840 万美元。孟加拉乡村银行 95％的股份由它的借款人拥有，其中大部分以前是贫穷的妇女，通过该银行客户的存款，她们现在可以维持生活了。[28]

在 2008 年的梅肯研究院全球会议上，尤努斯解释了这个模式背后的思想。"这是多么奇怪，金融机构拒绝这个星球上如此庞大的人类群体，并说他们是没有信用的。人们应该质疑银行是否值得信任，而不是银行机构告诉人们是否有信用。"他说："银行的基本原则是你拥有得越多，得到的也越多。我们则与此相反，你拥有得越少，就越有权利得到它。"[29]

孟加拉乡村银行的成功激发了其他许多组织尝试小额贷款。很快，这个模式超出了小额贷款的范围，成为小额信贷，其中包括为弱势群体提供的金融服务。包括储蓄、投资产品、资金转账和汇款、缴费服务、住房贷款、教育和消费贷款、农业及租赁贷款、人寿保险、财产和农作物保险、医疗保险，甚至是养老保险在内的所有金融服务，都被提供给弱势群体。[30]

很难准确地计算出这个行业的全球规模，但是据估计，有超过 100 个不同国家存在 1 000～2 500 个小额信贷机构，服务着 6 760 万客户。[31] 在这些客户中，有一半以上生活在贫困线以下。也就是说，世界最贫穷国的 4 160 万人口已经拥有小额信贷机构。[32]

小额信贷机构可以采取多种形式，从非政府机构和农业发展银行到商业银行。一些小额信贷机构试图增加像医疗和教育这样的服务来增加它们的社会影响。虽然一些经营带有利他行为，但其他的主要是盈利模型，这些模型把服务于穷人作为次要目的。这种转移引发了社会对小额信贷的争议。[33]

➤ 穆罕默德·尤努斯：创造一个没有贫穷的世界

作为小额信贷主义之父，穆罕默德·尤努斯常常被人称为"穷人的银行"。《商业周刊》称他为"有史以来最伟大的企业家"。[34]通过向孟加拉国最贫穷居民提供优先贷款的权利，孟加拉乡村银行帮助上千万城市和农村的家庭提高了生活水平。尤努斯获得诺贝尔和平奖意味着国际上对金融有力量引起社会变革和生活转变的认可。

但是在发起了一场改革之后，尤努斯正在挑起下一个改革，并且这一次，他决心改变我们目前所理解的盈利。他把重点转向"社会商业"，可以说是非股息公司，它用社会收入的投资回报而不是经济收益来衡量。这样的结果可能包括提高儿童健康的水平，把可饮用的水运送到供水不安全地区的吨数，给以前没有电的村庄输送的电量。

其中第一个社会企业是由孟加拉乡村银行和达能集团合资成立的。该公司生产富含营养的酸奶，这是孟加拉国贫困的孩子迫切需要的。孟加拉乡村银行和达能集团能够在企业中收回投资，但双方需寻找儿童健康的回报率，而不是利润的百分比。虽然没有从它的努力中得到直接的利润，但是达能集团获得了重要的公共关系的提升。[35]

尤努斯继续通过各种合作企业创造社会化商业，旨在提高穷人的生活水平。格莱珉-威立雅水务有限公司雇佣了法国最大的自来水公司在孟加拉国的一些最贫穷的村庄努力建设和经营一些自来水厂和污水处理厂。[36]在2009年的克林顿全球倡议会议上，尤努斯倡议与耐克基金会合作建立孟加拉乡村银行附属护士学院，它不仅扩大了对妇女的保健服务，而且还培养了女孩未来的保健工作能力。[37]两个月后，他在孟加拉国与生产运动鞋的阿迪达斯签订了一项协议，通过该协议，数百万买不起鞋的人们可以仅仅花1欧元就买到鞋子。[38]

资助社会企业并不像捐赠慈善机构。虽然大部分合作者由于想提升企业的社会责任而与之合作，但尤努斯认为，社会企业投资者能够并应该期望收回他们的初始投资。但是，他们的投资回报将不是财务分红，而是实实在在地社会效益。为了收回投资和实现经营增长，交易仍然需要势在必行的成功，但最终的成功将用它如何实现社会目标来衡量。如果这个理念成功了，正如尤努斯在2009年的国际货币基金组织会议上说："我们就可以把贫穷放进博物馆了。"[39]

除了小额信贷：中小企业融资的缺失

如果说从马歇尔计划中学到了什么，那就是创业的增长，它拯救了第二次世界大战后的欧洲和萧条的美国，其中美国得益于中小企业。即使在今天，创业领域也为高收入国家创造了57%的就业和超过一半的GDP。但是，同样的事情在中低收入的国家情况完全不同，中小企业只贡献了18%的就业和16%的GDP。[40]具有讽刺意味的是，发展金融应用于微型和大型企业，而没有应用于"缺失的中型企业"，如果适当应用到这方面，它事实上有潜力去解决发展难题。

尽管小额信贷对于个人创业者和技工来说是前所未有的，但是在新兴市场，拥有10～300人的增长导向型的企业用于促进和发展所需的资金是稀缺的。中小企业通常需要融资 10 000～1 000 000 美元，最高的达到 3 000 000～5 000 000 美元。它们需要长期资本来提供时间让其发展，但是许多投资者不愿意让他们的钱投入太长时间。世界银行最近对企业的调查显示，有超过 40％的低收入国家的企业认为，缺少可得到的资本是阻碍它们发展的原因。

尽管商业银行向这些企业提供零售服务，但它们尽量避免借钱给这些企业，而是更倾向于将资本分配给更成熟的企业（因为在许多新兴国家，银行拥有垄断地位，它们能够做到即使忽视这些企业也仍然保持盈利）。虽然银行借钱给中小企业，但会提出严格的抵押品要求，使得贷款对于羽翼未丰的企业变得遥不可及。在发展中国家，尽管有 30％的大企业采用银行融资方式，但只有 12％的小企业这样做。只有不到 10％的中小企业的贷款需求能够被银行据《巴塞尔协议》所满足。这些机构常常有流动资产、不动产、现金存款，并被要求提供 100％的抵押品。在喀麦隆，开立账户的最低存款要求是 700 美元，这比喀麦隆的人均 GDP 还要高。[41]

外部融资也很难得到，因为只有很少的天使投资者、风险资本家和私人股本投资者——这些人把钱用于初创行业——在市场中经营。对于投资者来说，不但信用和风险评估是困难的，而且，最重要的是，这些市场流动性差；退出投资困难，可能是吸引大量外资流入的最大障碍。政府和支持中小企业的定向捐助补贴项目在缺乏更广泛的系统改革的前提下，其影响是有限的，并且伴随着道德风险和逆向选择的问题。

发展中国家的中小企业面临着独特而又巨大的挑战：进入市场障碍、代价高昂且耗时的监管要求、繁重的税赋和法律结构、管理经验缺乏、劳动力市场僵化，并且重要的是有限的可行资本（无论是传统的银行借款还是风险资本）。在发展中国家，拥有优先竞争的大企业可能在监管、法律和融资条件方面影响新的进入者。的确，中小企业比大企业面临更大的财务、法律和腐败障碍，并且这些挑战阻碍中小企业取得更大的发展。[42]

有填补中小企业金融服务缺口的模式吗？我们怎样才能识别和评估中小企业的现金流？什么样的投资结构能够以循环方式增强中小企业的信用和灵活性？如果投资按比例缩放，混合资本结构将会是什么样子？多边和双边机构如何对诸如长期投资这样的风险进行管理？发展中国家的证券交易中介机构面对中小企业扮演什么样的角色？所有问题都需要金融创新来解决。

有迹象表明，阻碍资本流向新兴市场中小企业的几大重要障碍是[43]：

● 退出投资十分困难。新兴国家通常没有发达的市场且缺乏购买者，对于想退出投资的投资者，这些是具有挑战性的问题。投资者通常被迫持有这些投资，因为比起他们努力寻找买家或者等待企业拿出足够的资金从他们手中购买来说，持有投资将是理想的。在其他条件相同的情况下，投资时间越长，总体的收益越低，因此退出困难使投资者不敢把钱投入在这些市场上。

● 中小企业收益与风险调整不完全。由于缺乏可靠的信息，基金管理人被迫花费大量的时间和精力去寻找潜在投资者并熟悉公司的财务状况。获得投资后，中小企业常常需要从基金管理人那里得到大量重要的技术帮助来提高它们的经营水平。结果，这些类型的投资是时间和资本密集型的，导致投资者追求高投资回报率。这些商业投资者倾向于把钱投到别处或者转向利润更大的市场，投资于中小企业密集体的边缘。历史上中小企业的绝大多数资金来自多边和双边发展基金机构。基金需要想办法吸引更多的私人投资者投资于规模小且正在增长的企业。

● 投资者和中小企业之间存在信息不对称。发展机构和国家政府对于什么是中小企业的定义不同，导致缺乏对这一行业的全面和可比的数据，使得投资者很难评估机会。投资者不愿意投资一个没有为业绩建立标准的行业，与此同时，企业家没有找到有效的方式开发资金资源。显然，有必要更好地联系双方来促进在这些市场的投资。信息技术方面的创新——比如数据压缩和存储技术，可以更好地索引、存储、检索小型企业数据——可以为这些市场提供一个更加有效的信息流。

➤ 影响投资者：为善者诸事顺

新一代的金融创新已经开始相信，可以通过一项投资来产生回报和社会效应。"影响投资"（也被称为双重或三重底线投资或任务相关的投资）已经以投资组合筛选的形式在近期得到应用。但是今天人们认识到，仅仅靠政府和慈善机构是解决不了全球的社会挑战的，影响投资者已经开始采取更加积极和有效的方法。

非营利信托基金会是一个典型的例子：这家总部设在纽约的投资基金包含风险资本和援助因素。它从基金会和个人慈善家中汇集资金作为任务相关的投资，追求社会回报和利润，然后又回到基金中，尽管非营利信托基金会接受低于市场利率的回报，但是它采用严格的基准来评估投资的有效性。该信托基金会在发展中国家提供"耐心资本"给各种企业，从抗疟疾蚊帐厂商到清洁水系统的制造商。[44]

另一个创新组织，草根资本，已经发展成为小型农村企业贷款的模式，比如咖啡农业合作社和手工业协会。它旨在服务于那些被认为对于银行来讲规模小和风险大以及对于小额贷款又太大的企业，提供它们发展和维持经营所需要的资本。[45]

全球影响投资网络（GIIN）成立于 2009 年 9 月，旨在通过对这些投资提供最好的方法和高质量的业绩测量，来增加影响投资的有效性。[46] 监测研究所估计，在 5～10 年内，影响投资的总价值可能会上升到 5 000 亿美元，接近 2008 年全球总资产的 1%。[47]

经济危机之后，"慈善资本主义"的方法似乎成熟了。安东尼巴格·莱文和约翰·戈尔茨坦在最近的一篇文章这些写道："这些影响投资者为传统的慈善事业和私人部门资本市场提供了一座桥梁，传统慈善事业培养创新和吸引人的解决方案，私人部门资本市场最终将这些方案推进到与所需财富相当的水平上。"[48]

一系列的金融创新可能会开始解决这些问题。考虑到发展中国家的退出投资困难，创造退出便利将成为可能。在这种情况下，循环贷款资金能够在没有银行贷款的情况下，通过给企业家和其他买者提供资本来为退出投资提供便利。另一种策略是创造永久资本公司，相对于一个有限寿命的资金，它能够降低资金成本并且给投资者提供流动份额，使得退出更加容易。

特许权使用费模式也能确保回报。投资者在投资期间对中小企业的销售或收入有一定比例的要求权，这样能够使投资者进入正规的资金渠道；在管理层收购的情况下，它将会减小收购者在投资时所付出的成本。

通过增加建立区域资金的投资或增加基金中的基金，将扩大投资目标的潜力并且减少相对于投资收益的行政成本，提升净收益。通过增加技术援助资金资源的数量并且让它与投资基金同步运作，将提供独立的技术援助和提高投资者的收入。采用结构性融资工具能够拓宽中小企业的投资基础，使不同的投资者投资于适合自己的风险偏好和预期回报的投资产品，因此允许更多的投资者参与到投资领域。另一种创新是信贷亏损增强或来自贷款银行的担保资金，这能够激励投资者给中小企业提供资金，并由此降低投资者的风险。

在所有金融创新中优先的是对信息技术更好的使用可以克服对这些公司的信息不对称以及提高投资者与这些公司的融洽程度。信息基础设施是必不可少的。它会让投资者和企业家相匹配，由此增加中小企业的融资数量并减少交易成本。中小企业的高质量财务和业绩数据将会促使投资者作出更加理智的决策。

全球援助体系不断发展，并对非政府组织、基金会、私营部门实体和一些正在申请对中小企业发展提出替代和创业策略的组织发挥更大的作用。关注帮助中小企业获得融资的创造性方法，这将会帮助它们扩展业务。

以营利为目的的公司，比如美国的小额信贷国际公司，正动员利用汇款流量（移民与仍在本国的家人和朋友之间的个人资金流动）为小企业投资。汇款作为发展援助和投资资源，已经从 1995 年的 500 亿美元增加到 2007 年的 2 290 亿美元。[49] 小企业援助基金（美国）已经被定义为，通过组合风险资本为中小企业提供专业技术支持的组织。

其他人正在寻找降低与小企业相关的风险溢价的方式。德国银行的 ProCredit 项目正在培训信贷员直接与小企业合作，管理信用风险和鼓励传统银行将业务延伸到中小企业领域。在南非约翰内斯堡证券交易所，已经出现了为中小企业管理人员提供培训的机构。

公共或私人部门的专业人士正在积极探讨为中小企业发行国际债券。

针对中小企业的信用和风险特征，专门为其开发了一些新型的金融工具（债务性、权益性或准权益性）。[50]

越来越多的"影响投资者"（请参阅随附的小专栏）现在把他们的钱投在"缺失的中型企业"。例如，小企业援助基金（SEAF）发现，投资于具有高成长潜力的中小企业不仅能提供大量的财政回报，而且能增加提供就业的社会影响；提供在职福利，如培训和医疗保险；降低成本，为消费者提供高质量的产品和服务；为供应商提供更大的销售机会；增加政府的税收收入。SEAF 估计，对于每一美元的投资，当地经济平均得到 12 美元的回报。[51]

中小企业被广泛地认为是就业、创新、生产力和经济增长主要贡献者。如果增长阻碍被消除，这些企业将会有助于中产阶级的扩大。拥有足够数量的中小企业有助于建立供应链、贸易和投资，打造全球市场动态企业群。

融资基础设施建设

基础设施是现代经济的命脉。若没有在基础设施、教育公共上保持可观的投资比率，没有一个国家能够保持快速增长。[52]公路、铁路、航空和海港对于运输产品是重要的，而电信网络形成一座桥，把想法、市场和技术连接到更广泛的全球经济中。基础设施建设也包括电力、优质学校、卫生设施和洁净饮用水——这些服务对于生活在低收入国家居民的生活质量至关重要。

但几十年来，基础设施建设投入的不足已经阻碍了增长前景。传统的援助无法满足发展中国家的巨大和迫切的投资需求。

1997—1998 年的亚洲金融危机后，基础设施建设陷于瘫痪并且一蹶不振。亚洲发展银行估计，在以后的十年期间，亚洲政府在国家层面需要支出 8 万亿美元，而通过跨境项目去整合该区域的经济需要支出 2 900 亿美元；它认为，这些支出能够实质产生 13 万亿美元的收入。亚洲发展银行强调电信网络、能源和运输的回报远远超过对它们的支出，指出"亚洲基础网络设施不足，是增长的一个瓶颈，竞争力的威胁和减少贫困的障碍"。[53]

世界上发展最快的两大经济体已经采取不同的道路来使它们的基础设施现代化。中国近年来已经建立巨大的公共工程——为应对经济衰退，中国并没有减少投资，而是巩固了近期的规模。2008 年 11 月，中国领导人宣布了一项巨大的刺激政策，即 4 500 亿美元的专项资金投资于港口、机场、桥梁、学校、医院、铁路和公路。[54]

在印度，城市同样不堪重负，基础设施趋于崩溃。不仅投资不足，而且腐败和官僚主义使项目难以执行。印度计划委员会的一位顾问估计，仅仅是拥堵和糟糕的道路就使这个国家的经济每年损失 60 亿美元。农业部门由于缺乏到地头的交通设施而受到阻碍，跨国公司的员工由于城市交通阻塞而不能乘车上班。"基础设施赤字"很可怕，它能阻止印度实现触手可及的繁荣。

一个充满希望的迹象是，印度在 2005 年通过了一部新的法律，允许对基础设施施行公共和私人合伙制。第一个这样的项目是急需建设的班加罗尔国际机场。西门子参与此项建设，这一项目将由瑞士独特有限公司管理。这两家公司都是股权持有者。国家仅投资了 18%，并且 60 年后，所有权将会转移给国家。机场在 2008 年开放，它被希望成为其他能给印度经济起飞提供坚实基础的创造合作的先驱。[55]

这种情况在非洲也是很紧迫的——尤其在撒哈拉以南的非洲地区，那里道路密集，电力和卫生设施远远落后于其他国家。只有 1/4 的非洲人能用上电，并且只有 1/3 的非洲农村人口拥有四季畅通的道路。根据世界银行的《非洲基础设施国家诊断报告》（AICD），非洲的基础设施赤字每年使这块大陆人均经济增长放缓 2%，并使公司的生产力减少 40%。到 2007 年，为基础设施（来自私人资本、发展援助和其他渠道）筹集的外部融资已经达到 200 亿美元。但是 AICD 估计每年需要 800 亿美元。[56]有趣的是，随着中国和非洲之间的贸易增加，近年来，中国对非洲的基础设施投资增长迅速。今年有超过 35 个非洲国家与中国进行基础设施建设融资交易，包括水力发电项目和铁路。[57]

2008 年金融危机之后，全世界用于基础设施建设的资金变得更加缺乏。作为回应，世界银行和国际金融公司（IFC）创建了一个"基础设施危机基金"来提供延期付款融资，并在财政困难时帮助资本调整目前可行的私人资金的基础设施项目。IFC 宣布计划在 3 年内投资 3 亿美元且从其他来源调动 15 亿～100 亿美元的资本。[58]

许多金融创新能够被应用于解决资本缺口的问题。可以创建信用增级资金来提高资本结构的收益，降低私人部门在这些项目的风险。发展中国家可以直接利用更多的国内资金来进行基础设施建设，通过使用衍生品调动来自机构投资者的资金的分配，比如保险和公积金。可以采取增强银行作为当地基础设施项目的中介的措施来创建工具和市场，以把握风险、成熟期和持续时间。[59]

最近被用来刺激可持续金融发展的一项金融创新——世界银行绿色债券与对抗气候变化有关。世界银行与投资银行的财团合作，并通过斯堪的纳维亚地区的投资者（第一次交易）筹集 3.5 亿美元，又通过加利福尼亚州的投资者（第二次交易）筹集 3 亿美元，来支持绿色发展项目。这些项目包括太阳能和风能装置、清洁技术的推广、现有电厂的升级、为公共交通和住宅改善能效的资助、甲烷管理和世界银行在发展中国家的林业保护计划的实施。[60]

用于投资基础设施的资金更广泛地加入资本市场是一个挑战——特别是当它涉及由机构投资者所管理的资本池（比如养老资金）时，这些实体必须保守投资以履行它们的受托责任。公共部门降低风险的方案能够使项目对于投资更加有吸引力，这种方案常常是烦琐并且代价高昂的，因为它们应用于个别的基础并且缺乏系统方法。"全球发展债券"的概念被提出用来解决历史上机构投资者与发展中国家缺乏联系的问题。这些固定收益证券将涵盖多元化项目并调动资本市场的资金，特别是来自美国的机构投资者。机构投资者目前不能投资于这些项目是因为证券评级不存在，但是这能够通过公共机构和慈善信用增强来解决。利用像海外私人投资公司（OPIC）这样的实体去提供信贷保证或者担保基金来吸引机构投资者投资这些基础设施项目。

金融创新与提升粮食安全

本章讨论的大部分内容是支持经济增长和建立全球中产阶级的长期计划。但现实中饥饿、战争和自然灾害常常伴随着我们，并且随着全球变暖问题的恶化，我们可能看到更加频繁和更加严重的人道主义危机。全球食品安全仍然是目前最重要的问题之一。每天有 10 亿人正在挨饿。[61]在发展中国家，将近有 2 亿不足 5 岁的儿童由于营养失调而遭受营养不良的困扰，也使得处于这一年龄段的所有孩子中有 1/3 因营养不良而死亡。[62]据评估，一代人的一生由饥饿带来的医疗成本、降低生产力和降低受教育程度的成本达到 5 000 亿～1 万亿美元。[63]

组织提供人道主义食物援助——包括国际救援机构、各国政府和非政府组织——来帮助正在生命线上挣扎的饥饿的人。但是，这些救助群体面临的重大挑战是以低成本效益、高效、迅速反应的方式去获得并快速运送食物。当大宗商品价格飙升（正如 2008 年那样）时，关键的弱点在食品援助供应链上暴露出来。

在价格和供给变动的环境下来满足不断增长的需求，这需要食物救助组织改进风险管理并进行更多可预测，获取灵活的资金。八国集团在2009 年 7 月讨论改善食物安全的策略时称，必须重点加强农业的长期发展，形成紧急食物救助和安全网络营养方案。

人道主义团体面临大量障碍。因为它们靠的是自愿捐款，资金在时间和数量上不可预知。并且许多捐助受限于它们的资金怎么用以及用在哪。为了确保组织能够最大化地使用有限的资源，可预测和灵活的资本是很必要的，并且金融创新应能快速找出增强食物传递通道的方案。[64]

对于人道主义团体来讲，最吸引人的可能是通过债券市场来募集资金。如果捐助者群体与食品援助组织签订具有法律约束力的承诺，定额债券就能够发行。第三方可以作为财务经理，并且信用增级可以由基金会来提供。

图 6—1 概述了食物援助债券的拟议结构。一种特殊目的的工具（SPV）通过捐助承诺来发行担保债权。债券发行所得款项将被转移到人道主义组织手中。因为人道主义救助所需要的资金每年都在变化，所以债券发行量根据组织每年所收到的数量做调整（当危机发生时，紧急需求能通过特定呼吁得到资助）。债券投资者将获得本金加利息。一个独立

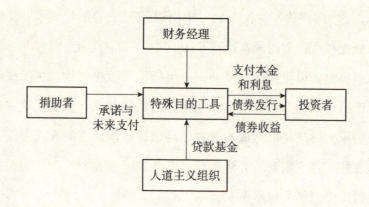

图 6—1　食品援助债券将如何运作

资料来源：梅肯研究所。

的实体，可能是世界银行，将作为财务经理负责管理。这样一个结构需要信用评级，如果发行组织没有信用评级的话，这将是一个挑战。在这种情况下，这个组织将不得不退出交易。

债券能够预先提供组织资金的一部分，给出一个明确的预算情况并且在危机出现后有能力立即作出反应而不是等待捐款到达，这可以拯救更多的生命。此外，预先资金将使交付时间显得特别重要的国家（在这些国家，比如在雨季，运送食物是极度困难和昂贵的）受益。最明智的做法——特别是在达尔富尔和其他一些偏远地区——是在4月储存这一年90%的粮食。从食物援助债券出发，应允许预先购买，而债券收益比来自个人的捐款限制要降低。

这个模型来自我们下一章将要研究的关于医疗金融的例子：国际免疫融资机制（IFFIm）为资助疫苗而出现。国际免疫融资机制资金结构的一个分析师预测疫苗上的支出将增加到22%，即使在考虑到私人部门借款的影响后。[65]在国际免疫融资机制下，国际复兴开发银行（世界银行的一部分）管理着债券收益，保持流动性来满足支付承诺并服务债务。银行监控手段可以确保 IFFIm 承担长期金融债务责任。IFFIm 有长期的 AAA 级债券，这个评级来自 2009 年 7 月的标准普尔。[66]

粮食援助组织也能受益于使用金融创新来减轻食品价格变动的风险。在价格下降和食物被需要前，提前采购物资可以被实行。这些交易在价格、成交量和交货地点上具有灵活性；允许更短的交货期；并提供可预测的方案。看涨期权是权利，而不是义务，让拮者在特定的时间按特定的价格购买商品，这有利于以最低价格购买商品。因为它们不强制购买，如果商品最终不被需要，买者可以退货，只需支付期权费。

所有这些机制有潜力帮助人道主义团体及时运输食物并且以低成本提供给弱势群体。饥饿对诸如健康、生产力和国家安全的长期影响必须在早期就得到有效的重视。

成功的案例：中国和印度

正如在本章开始提到的，两个发展中国家从经济增长强国中脱颖而出。在中国和印度的较小范围内，成千上万的人们已经摆脱贫穷的束缚。不知发生了什么，这一切已经实现，尽管这两个国家被认为有不甚健全的法律体系和以西方标准被认为不健全的制度。它们是如何做到的？创新发挥了重要的作用。两个国家设计的融资和治理方案已经填补了银行和金融市场等传统渠道的缺陷。

中国和印度在金融体系的性质和发展上明显不同。过渡到以市场为基础的社会主义制度后，当中国经济在 20 世纪 80 年代进入快速发展阶段时，它并没有规范的商业法律框架或者相关机构。另一方面，印度在成熟的法律机构和金融市场方面有着悠久的历史。

中国经济可以分为三类：（1）国有经济，其中包括由政府最终控制的公司（国有企业）；（2）上市经济，包括所有在交易所上市的公开交易的公司；（3）私营经济，其中包括各种私人类型和归地方政府所有的其他公司。[67]私营经济在规模、增长和重要性方面主导着国家和上市部门。尽管它依赖于相对较弱的法律保护和融资渠道，但私营经济已经领跑其他经济并且为经济发展做出了重大贡献。这表明，私营经济已经得到有效的开发，替代融资渠道和公司治理机制，比如那些基于名誉和关系的融资渠道，带给它动力。

中国的金融体系主要由庞大但不发达的国有四大银行控制的银行体系所主导。上海证券交易所和深圳证券交易所自1990年成立以来飞速发展，但对于中国整体来说，它们的规模和重要性仍然不能与其他融资渠道（特别是银行部门）相比。

随着私有化进程的加速，大量公司开始上市，国有经济持续缩水。股权集中在从国有部门转化而来的国有企业和非国有企业的创始人家族手中。在上市部门中，标准的公司治理机制薄弱而无效。

相比之下，私营企业更加有趣。对于这些公司来说，在它们启动和后续经营期间，最重要的两大融资渠道是金融中介机构（包括国有银行和民间信贷机构）和创始人的朋友和家人。公司有来自多家金融中介机构的未偿贷款，大多数用固定资产或第三方保证来担保。在企业增长期间，来自"华裔人士"投资者（来自香港、台湾地区和其他国家）和商业伙伴的贸易信贷也是重要的资源。

虽然正式的公司治理几乎不存在，但是另一种机制在私营企业是明显有效的。信誉和人际关系最重要。塑造中国社会价值观和制度的最重要的基础是人们普遍持有的孔子信仰；这些习俗规范家庭和社会的秩序和信用，并且完全不同于西方国家对法律的依赖。另外一种重要的促进良好的管理和公司治理的机制是竞争。考虑到公司发展前期的失败风险，公司有强烈的动机去获得比较优势。另一种重要的机制是当地政府的作用。中国经历了最成功的经济发展和人民生活水平的提高，有进取心的政府官员积极支持私营企业的发展。

印度展示了一种非常不同的情况。凭借对英国普通法的承续，印度提供了世界上最强大的对投资者的法律保护。[68]而且，英式司法体系和民主政府已经在印度实行了很长一段时间。但是，存在于书籍和戏剧中的情节跟日常现实商业世界中的情况完全不一样。投资者保护水平和法律体系水平在印度都是很低的。

投资者保护在理论上和现实中出现巨大差异的原因包括缓慢更新和低效率的法律体系和政府腐败。与其他亚洲国家相比，一个公司的股权通常高度集中于家族创始人和控股股东手中。调查表明，小企业，无论历史和规模如何，都很少用到法律体系。大部分公司在任何情况下都不太愿意行使追索权，包括出现客户违约、违反合同或商业纠纷时。另一方面，对付合同违约和拒付，采用各种形式的非法律制裁方式（比如让对方失去信誉或未来商业机会，甚至产生对个人安全的担忧）远远比法律追索更加有效，并且这些策略被广泛应用。印度的情况似乎表明，对于商业发展，强有力的法律保护似乎不是必要的条件，只要有有效的、非法律的"机构"起到替代作用。

如果有可供选择的融资资源可以填补资金缺口，基于股票市场和银行的正规融资渠道对于企业经营和投资者是没有必要的。尽管在现实中，投资者保护较差，但印度的经济发展在 20 世纪 90 年代早期已经超过其他国家。此外，企业层面的证据表明，1996—2005 年（足够长的时间来表明数据的可靠），印度公司平均以令人震惊的 10.9％的年复合增长率成长。而且，在印度和中国，中小企业发展更快，尽管它们很少依靠正规的法律渠道，而且只有比自己的大同行更少的融资渠道。

中国和印度已经用成功的创新解决了那些困扰新兴经济增长的问题。发展替代渠道和机制能加快发展速度并使克服障碍成为可能。发展中国家面临的主要挑战是如何将这些策略与自己国家的文化和环境相结合，最终采纳这些策略，以至于中国和印度能被世界的其他国家所模仿。

结　论

尽管近几十年在企业、住房和环境领域，金融得到了巨大发展，但是这一发展浪潮却没有触及发展金融（development finance）领域。但金融和信息技术能够再次发挥在新兴市场上的作用去释放创业企业的潜力，资助需加大力度的基础设施建设，以及在生命受到威胁的情况下加快紧急救助的速度。

金融业，这一被华尔街、华盛顿和其他国家首都遗忘的领域，渐渐显示出它的重要地位，这不仅仅是缘于利他主义，也是出于自身利益的考虑。首先，最重要的是，在联系日渐密切的全球经济中，发展中国家代表着未来需求和增长的巨大的未开发的资源。但是，同样重要的是，人们意识到要增强发展安全，因为大多数地缘政治冲突的核心是经济增长共享不足所引起的长期问题。地区的贫困、荒芜及绝望是恐怖主义和冲突的温床。

人口结构的改变增加了新的紧迫感，这种转变势在必行。虽然发达国家进入老龄化阶段，许多新兴市场的人口呈现年轻化的特点。随着更多的年轻人进入劳动力市场并寻找生产机会，提供就业机会、成立公司、获取收入和财富成为当务之急。促进经济增长率更快提高可能是寻求发展的正确道路，在接下来的半个世纪里，除了最终选择这条正确的道路来避免地缘政治的不稳定外，别无选择。

中国和印度的例子表明它是可能的。现在的挑战是如何在全球范围内复制它们的成功。

7

医药产业金融

一些新的创新融资手段，如合作开发融资、承诺性股权融资工具、签约研究组织共同融资，见证着美国新药进入市场的艰辛旅程。

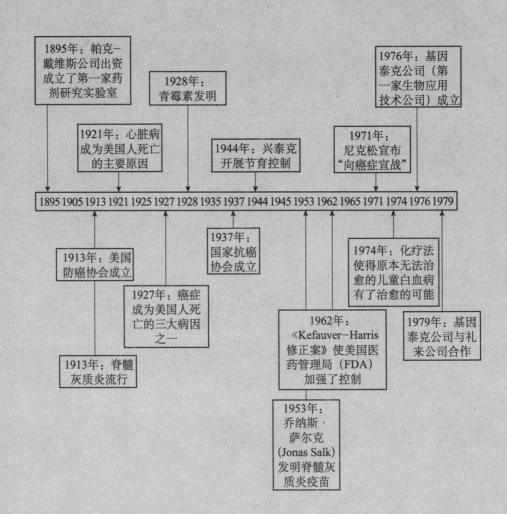

1895年：帕克－戴维斯公司出资成立了第一家药剂研究实验室

1928年：青霉素发明

1976年：基因泰克公司（第一家生物应用技术公司）成立

1921年：心脏病成为美国人死亡的主要原因

1944年：兴泰克开展节育控制

1971年：尼克松宣布"向癌症宣战"

1895 1905 1913 1921 1925 1927 1928 1935 1937 1944 1945 1953 1962 1965 1971 1974 1976 1979

1913年：美国防癌协会成立

1937年：国家抗癌协会成立

1974年：化疗法使得原本无法治愈的儿童白血病有了治愈的可能

1927年：癌症成为美国人死亡的三大病因之一

1962年：《Kefauver-Harris修正案》使美国医药管理局（FDA）加强了控制

1979年：基因泰克公司与礼来公司合作

1913年：脊髓灰质炎流行

1953年：乔纳斯·萨尔克（Jonas Salk）发明脊髓灰质炎疫苗

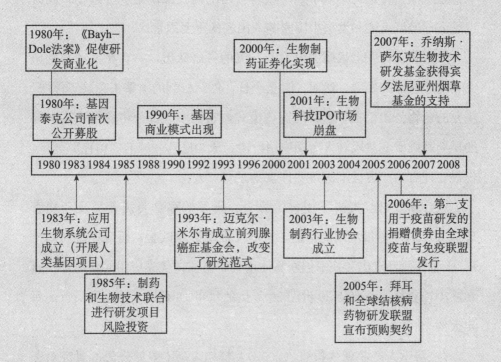

1980年：《Bayh-Dole法案》促使研发商业化

1980年：基因泰克公司首次公开募股

1990年：基因商业模式出现

2000年：生物制药证券化实现

2001年：生物科技IPO市场崩盘

2007年：乔纳斯·萨尔克生物技术研发基金获得宾夕法尼亚州烟草基金的支持

1980 1983 1984 1985 1988 1990 1992 1993 1996 2000 2001 2003 2004 2005 2006 2007 2008

1983年：应用生物系统公司成立（开展人类基因项目）

1993年：迈克尔·米尔肯成立前列腺癌症基金会，改变了研究范式

2003年：生物制药行业协会成立

2006年：第一支用于疫苗研发的捐赠债券由全球疫苗与免疫联盟发行

1985年：制药和生物技术联合进行研发项目风险投资

2005年：拜耳和全球结核病药物研发联盟宣布预购契约

目前已经进入一个令人兴奋的科技新时代，对人类基因的基础研究让我们看到减少人类疾患和拯救生命已经成为可能，但是，将基础研究成果转化为临床诊疗技术尚需要长期资金支持并承担很大风险。

正当生物技术基础研究取得重大突破之际，能够获得的资金支持却一直在减少。资金约束对于期待获得救治的病人来说是一种悲剧，同时也是全球经济发展和发展中国家陷入困顿的重要因素。

大医药公司凭借雄厚的财力和一流的科研队伍，一直在推动基础研究和治疗技术的发展。然而，时至今日，创新机制的引擎正在趋于停滞。主要的药物公司正在寻求新的商业模式，它们中大部分将资金从高风险的早期基础研究阶段转入后期应用阶段，成为医药领域的"仿他"药厂，仅仅在现有治疗方法上进行些许改动。[1]

医疗研发已经失去了往日的势头。研发效率是美国食品及药物管理局（FDA）衡量应用的指标，它不仅推动诊疗试验，而且促进新药推广。[2]尽管研发支出和技术创新整体增长，但获得优先应用的新药却一直在减少，获批的新药从20世纪90年代的每年13种以上减少到最近的每年大约10种。[3]

《经济学人产业观察报告（2007）》援引CMR咨询公司的研究对药品研发力量萎缩的问题进行了总结。在20世纪90年代的某一年，CMR研究发现，医疗行业用于研发的开支达350亿～400亿美元，开发出35～40种新药。到2004年，每年的开支超过500亿美元，但新药引入却不到30种。2006年的数据显示，情况进一步恶化：开支暴涨至600多亿美元，进入市场的新药品种却没有丝毫增加。[4]

药企巨头开展强强联合，使曾经市场广阔能够获取暴利的新药开发的老商业模式逐渐淡出。下一个十年[5]，药品专利的集中期前所未有，再加上市场价格的压力，医疗行业必须积极应对，创造并进入更小的细分市场，以适应个性化药品时代的到来。[6]

寻求新的创新方法是必要的。该行业正在试验新的研究模型，包括外包研发业务。但在此期间，金融创新通过为科技研发弥补资金缺口可以发挥重要的支持作用，从早期药物研发到二期临床试验都非常重要。投向这些具有研发风险领域的资金急切地需要看到项目市场推广的成功。

对资金的需求结构

尽管首次医疗融资尝试可以追溯到 20 世纪 30 年代大型综合性制药企业的出现，但是投资人类科学领域并在此领域中获得更大的成就的行为只是在过去的几十年中才得到快速加强。[7]运用诸如风险投资、公共资本市场、证券和公私合作关系等方式能够极大地增加医疗研发资金。估值方法（包括布莱克-斯科尔斯和蒙特卡罗估计）的运用使得用新的方法使知识产权盈利成为可能，与此同时，政策和公司结构变化使得政府和大学实验室（援引 1980 年《Bayh-Dole 法案》）以及其他的知识共享组织（从国家癌症研究所到人类基因组计划）商业化成为现实。为了支持医疗的创新，经过多年的发展，一套以私人企业研发为主，辅之以大部分属于国家卫生研究所的公费医疗相关研究的复杂系统已经成型。

20 世纪 90 年代首次出现的研发生产力下降恰恰与下列事实相矛盾：1993—2004 年，医药行业的相关报告中指出，每年的研发费用以 147％的速度增长，但是新药品的应用申请年增长率仅为 38％（且在过去的几年中呈现普遍下降的趋势）。2004 年，仅仅 102 份申请被呈递，这意味着与 1999 年的水平相比，下降了 21％。与 1993—1995 年之间"新分子实体"（new molecular entities）——真正的新药——运用增加相比，在接下来的十年中，这种运用下降了 40％。[8]

1998—2003 年，每年稳定的支出增长使得国家卫生研究所的预算翻倍，与此同时，联邦政府也增加了对于医疗研发的支持。但是 2004—2008 年，国家卫生研究院的资金一直没有变动（且由于通货膨胀，资金的购买力实际上是下降的）。[9]希望 2009 年美国的《投资和复苏法案》（the American Reinvestment and Recovery Act）能够改变这种状态，但毫无疑问的是，未来的筹资水平将受限于未来的主流政治经济大方向。

研发生产力的下降已经造成了严重的后果，由于缺乏资金和发展的专业知识，与治疗癌症和其他疾病有关的大有希望的研究被搁置。但是对目前的问题还没有简单的解决方案。我们已经进入了药物价值达数十亿美元的时代：通过开发、临床试验和市场推广带来新的疗法的平均花费已经急速增加。从 1975 年的 138 万美元到 2006 年的 131 800 万美元。[10]并且市场推广并不保证成功：每十种药物中仅仅有两种可以产生足够多的收入来收回研发支出。[11]

非专利药（generic drugs）是竞争的主要来源，这类药目前占据了美国 2/3 的处方药市场（但仅占医药销售额总量的 16％）。[12]尽管非专利药明显降低了消费者的花费并且许多健康保险公司支持非专利药，但是这种竞争会造成另一种压力，并且这种压力会削减大公司部署它们的研究能力以开发新药物的积极性。

1965 年，在没有竞争的情况下，主要的药物预期可以在市场上畅销大概 10~12 年。到 1985 年，这个期限缩短到 5 年，并且 1995 年以后，引人注目的疗法进入市场需要面对直接的竞争，有时候在刚进入市场时就要面对这种情况。[13]如果一种引起轰动的药物首次进入市场就遇到了另一种同样的药物，大的制药公司就无法收回它们的投资。[14]长此以往，结果就是企业变得更加厌恶风险。每种新药估计的平均自付的花费在扣除通货膨胀率影响后以 7.4％的年增长率增加。[15]

对于制药和生物技术公司而言，持续增加的、不利的成本—效益比率会导致实验工作的终止，尤其对于风险大的或者细分的产品来说更是这样。由于为了获得 FDA 对于新药的批准而需要在时间上和资源上的巨大承诺，许多制药公司更倾向于投资一种更安全的方式：通过更新标签，改变剂量或者在现有治疗上改变药物组合来提升现有药物销量。[16]这种将资源分散到"仿他药物"领域的做法加剧了整个过程的缺陷。这些数字揭示了一个极端的事实。2006 年，有 123 种新药申请被呈递给 FDA，但其中只有 22 种是真正的新药（新分子实体），其余均是对现有疗法的变化。[17]生物类药物（新生物制品许可申请）更是凤毛麟角。只有 4 个这样的治疗在 2006 年被 FDA 批准。[18]

面对严峻的市场环境，制药公司往往通过购买生物科技公司的制药权利来走创新捷径。然而，可选的目标药物却是稀少的。新兴的生物科技公司需要面对商业化的环境，它们的研究和临床发展的起始阶段已经能够证明它们的潜力，它们在这一过程中艰难前行。它们的资金限制将极大地影响整个行业。[19]

为了追求在疗法上的突破中应用最新的科技，生物科技公司奋战在医疗科学的前沿。但这样做自有它的风险，并且许多新成立的生物科技公司如果想要转化它们的科学成果，面临着许多实际的商业障碍。开发药物的过程需要长期的资金投入，并且这种投入不能因为投资者的过早退出而中断。

在 20 世纪八九十年代，占主导地位的生物科技公司发展旧模式（通常称之为"加州模式"）是这样的：你从加利福尼亚大学或者斯坦福大学带来重大的研究成果，组建公司，落实风险投资，首次公开募股，并成长为基因泰克和安进一类的公司。但是那种模式已经不适用了。时至今日，很少会有投资者愿意去冒过度估值和未证实的现金流的风险过早地进入股票市场。当下的萧条已经见证了生物科技公司 IPO 的实质性停滞状态（见图 7—1）。随着 IPO 通道的关闭，许多公司将无法保证它们发展所需的资金。

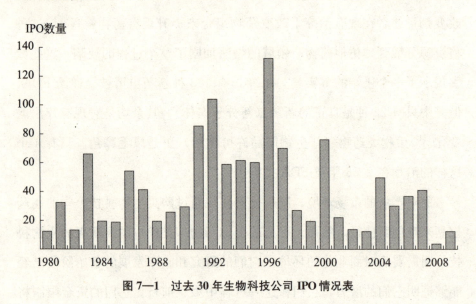

图 7—1　过去 30 年生物科技公司 IPO 情况表

通过两个"死亡谷"的一个艰难旅程

在美国，一种新的疗法实现商业化的进程是漫长而曲折的。一个有前景的目标被发现并将之与疾病相联系，这个初始阶段的科学发现就需要在大学或者公司实验室中通过多年的工作才能获得。从发现和验证到检测和开发同样需要费尽心思，随后而来的包括高通量筛选和化合物鉴定的阶段，将在其疗效出现之前安全地改变特定靶细胞或者疾病的活性，这个现象可以在临床试验中测试出来。然后，就是下面所描述的步骤[20]：

第一阶段：目标药物首次在人类身上测试。通常20～80名正常、健康的志愿者服下药物来验证它的毒性（副作用），并证明其在不同种族的人身上的效果。

第二阶段：另一个试验阶段。但是这次的志愿者患有相关疾病且药物旨在帮助他们。这次试验大概涉及100～300位病人，且这次试验最长将持续两年。A类型的病人集中在改善的剂量要求方面，与此同时，B类型的病人来分析疗效。这个阶段将为更大规模的第三阶段试验提供初始的数据。

第三阶段：主要临床试验阶段。这个阶段通常涉及1 000～3 000位病人。这个阶段既测试治疗效果又测试不良反应。假如已有针对这种疾病的既定药物，那么新的药物将针对市场上最好的药物进行测试。假如没有既定的药物，那么新药物将针对空白剂量（placebo）进行测试。一组病人将被给予新药，另一组将被给予空白剂量或者既定药物。

第四阶段：在药物已经通过了FDA的验证之后，将进入第四阶段。通过这个阶段来让当地的医生熟悉这个药物并获取他们的信任。

许多刚刚起步的生物科技公司在药物的可行性被证明前就开始进入这个阶段，并且它们可能还缺少一个有经验的管理团队。在临床试验之前阶段出现的资金瓶颈将给许多高成功概率的医疗项目造成难题。由于其性质的恶劣，这个障碍被称为第一条"死亡谷"。

第二条"死亡谷"出现在一些年后，从第二阶段开始并在整个审批和市场阶段继续。换句话说，资金缺乏不仅发生在大多数临床试验阶段，同样也发生在通过 FDA 的审批之后。一些幸运的医药科技公司通过与有能力在 FDA 审批之后提供适当的市场资源的大型综合制药公司合作，解决了资金问题。

药物在为等待 FDA 的审批而长时间停止研发时，将面临复杂的监管障碍。甚至即使成功地推出了药物也不能保证财务上的成功。在某些情况下，在药物被大范围推广应用之后，安全问题变得非常明显，可能会导致监管机构给予"黑盒子"的警告，甚至取缔特定的已经通过 FDA 审批的产品。

在股东、仿他药物、监管者的压力下，从资金紧缺的小型公司到行业巨头，生物制药公司正经历着痛苦的改组，在没有偏离发展路径的情况下，可能会阻碍下一代疗法的进步——除非新的金融创新和公共政策被用于协助业界更好地应对风险。

生物医学资金来源

主要的途径

新兴的生物科技公司用于资助新的疗法的发展的途径包括：

风险投资：从养老基金、大学和富裕的个人汇集投资资金，风险投资已经自从基因泰克的成功中被生物技术的潜力所吸引。但是 20 世纪 90 年代，许多早期研发阶段的长期投资没有获得成功，给这个领域带来了更多的避险情绪。[21] 2002—2007 年，超过 290 亿美元在风投资金进入生命科学领域，其中大部分资金用在了生物科技上。生物科技同样占有

2009 年第二季度最大的份额，有 88 800 万美元投入到了 85 个项目中。[22]但当前风险投资占各行业的比重仅是 2000 年数字的一小部分。在金融危机之后，这个领域出现了资金短缺的现象。大型制药公司自身踏入了一个虚空的情景。[23]例如：强生公司的风险投资部门提供约 30% 的资金给一家叫做 Novocell 的专注于用人类胚胎干细胞生产胰岛素来治疗糖尿病的私人公司。[24]辉瑞、礼来、罗氏、默克等公司也开展了创投业务，专门投资于有前途的生物技术创业。

金融市场：尤其在 20 世纪 90 年代，许多生物科技公司期待着最终上市的前景。甚至首次公开募股之后，上市公司还能够第二次发行股票，美国的生物制药和生物科技公司经常采用这一战略。在世界范围内，尤其在美国，对于公开发行股票的需求已经减弱，这对生物科技公司产生了显著的影响。然而，即使这是可行的，这个资金方案也有显而易见的缺点，因为发行新股会造成公司现有股东股权的稀释。与此同时，公司的股票价值通常不反映其内在价值或者公司被收购的潜在价值。除此之外，近些年，投资者的需求主要倾向于处于发展成熟阶段的公司。

上市私募投资：那些已经上市但依然处于资金困境的中小型公司越来越多地转向私人资源，又称上市股权私人投资，来获取所需资金。与第二次发行股票和满足相关监管规定相比，私募投资更加快捷、更加有效率。在传统的私募协议中，投资者以折扣价购买普通股或者优先股；而在结构性的私募协议中会涉及购买可转换股。例如，2009 年 11 月，一家名叫 StemCells 的专注于开发治疗神经系统疾病药物的生物科技公司宣布了第九个私募投资；这个公司从私募投资中获取了 1.338 亿美元的资金。位于圣迭戈，专注于研发治疗心血管及缺血性疾病的新型生物疗法和医疗器械的 Cardium 研究机构，也同样进行了多轮私人融资，筹集了近 8 300 万美元。[25]

兼并与收购：大型生物制药公司越来越倾向于通过兼并进行创新，并且对于许多生物科技公司而言，投到这些巨头旗下被认为是有利可图的结果。一个蓬勃的收购与兼并市场已经获取了许多有前景的药物，有一些药物还在它们的相对早期阶段。在最近的一项交易中，欧洲生物制药巨头 Sanofi-Aventis 公司在 2009 年支付 5 亿美元收购了一家加利福尼亚州的研究开发治疗癌症药物的小型生物科技公司。[26]

将尚在研发中的有前景的药物出售给大型生物制药公司：生物制药公司也可以通过获取具体的药物或者药物组合而非收购整个生物科技公司来支持它的整个研发流程。2009 年 11 月，日本武田制药有限公司宣布，计划支付 10 亿美元来获取圣迭戈一家叫做 Amylin 的生物制药公司研发的治疗肥胖的药物。武田制药也同意支付这个药物为通过 FDA 审批而支付的 80％的费用。[27]

弥补资金缺口的创新业务和财务模型

开辟新的盈利途径

与通过上面描述的渠道筹集大多数的资金相比，一些新的创新融资手段见证着如图 7—2 所示的新药进入市场的艰辛旅程：

通过预计专利权使用费筹资：从预期产品销售产生的专利权使用费能够通过债务或投资的方式换取当下所需的资金。最早的一个这种类型的交易发生在 2000 年，当时耶鲁大学与皇室制药公司和 BancBoston 资金合作，皇室制药公司与 BancBoston 资金同意向百时美施贵宝公司支付

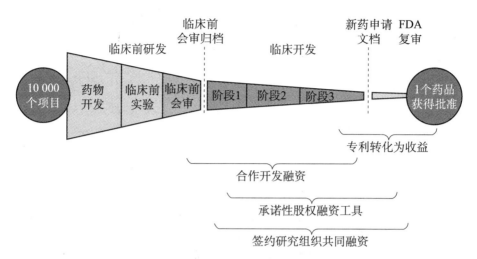

图7—2 美国医药产业使用的主要融资方式

在耶鲁研发的治疗艾滋病药物的专利使用费 7 900 万美元。一些年后，一个更加多样化的协议出现：专利使用费的证券化信托 I 协议，这项协议使 19 家公司的 23 种生物制药产品、医疗器械和诊断法的专利使用权实现了证券化，筹集了 2.28 亿美元的资金。在那次交易中，保罗专利权基金投资于年轻的公司，然后用它的特许权的一部分换取预付款项。2005 年，皇室制药公司子公司的 8 种药物在市场中抵押获得的平均 7 年的专利权使用费为 6 850 万美元。2007 年，西北大学将其未公开部分的专利使用费利益出售给皇室制药公司，获取了 7 亿美元。每项交易都要求一个由标准普尔或穆迪做出的评级。评级介于 AAA 级与 BB 级之间。交易的双方也有信用保险。[28]此模型及其潜在变化会在下面的部分详细讨论。

协同发展融资：在这种模式中，生物科技公司 A 授予有能力将这些项目进行到底并通过 FDA 审批的生物制药公司 B 研发其有前景药物的权利。作为回报，公司 A 有从公司 B 按事先确定好的价格回购药品的优先购买权。B 公司承担失败情况下的开发成本。

合同研究组织（CRO）融资：CRO 以相对不贵的价格为生物科技公司提供研发服务，例如提供所需的资金和资源（如熟练的人力资源或者临床实验所需的基础设施以及其他为通过 FDA 审批所需的服务）来换取未来药物销售的特许权或者它所服务的生物科技公司的拥有权。最近的一项研究表明，对于 CRO 的服务需求在将来的三年中以每年 16% 的速度增加。[29]除了降低费用，这种策略可以使生物技术公司将管理费用核销为可变成本，而不再将其作为固定成本，使其服务更便宜。

股权融资工具：这种模式涉及一个有限时间框架内的融资承诺，在这个期间，上市公司会以低于市场的价格卖出预定数量的股票，因此保证了更长周期的资金。

特定基金：定点推广治疗特定疾病而偶尔拨付的资金将资助研发和第二阶段。针对特定疾病的慈善基金会往往将参与与这种任务相关的投资。

大型生物制药公司促成的培育中心：大型生物制药公司能够与风险投资一起资助有前景的药物研究并创建培育中心来支持新兴生物科技公司。美国新兴生物科技公司大约将近 40% 的资金是通过这种方式筹集的。[30]

大学合作伙伴、私募股权投资和公共部门/基础投资

早在 30 多年前，来自斯坦福大学和加利福尼亚大学旧金山分校的研究者就在 DNA 重组方面取得了突破。这一前沿科学似乎呈现出可以转化为商业应用的惊人潜力——由此，生物科技产业诞生了。这产生了一个由生物科技公司、投资者和学术界之间的分拆、创立以及合作组成的蓬勃发展的系统。1980 年《Bayh-Dole 法案》通过开放象牙塔让商业进

入，让大学拥有许可和销售它们的工作人员的研究成果的权利。美国在这方面开了先河，世界上其他国家迅速紧随其后。

团体的实验室曾经产生许多研究和创新成果，但是这些成果逐渐转移回它们诞生的地方——大学校园。许多私人/学校的合作组织已经出现，来资助临床前和第一阶段的试验。这些合作伙伴关系的形成帮助这些项目走出校园并开始最初的商业化。

随着全球逐渐进入知识经济时代，对于企业和政府来说，大学成为了天然的合作伙伴。它们不仅贡献着人才和设施，并且它们所资助的每个企业平均都有约为 200 万美元的资产。但是这种商业模式的缺点是大学需要通过吸引外来的投资者或者合作伙伴来筹集第二阶段所需的更多的资金。[31]

私募股权促成了其他的融资和合作方式。Symphony 资金是纽约私募股权投资公司的一个分支机构，它不仅资助生物科技研究，而且通过与 RRD International 公司合作来管理从临床前和监管阶段到制造的整个研发进程。

公共部门同样可以在投资中扮演一个角色。2007 年，欧盟和欧洲投资银行建立了风险分担金融机构（RSFF）。在 RSFF 中，欧洲投资银行将以自身的 10 亿美元资金和欧盟的 12.9 亿美元资金相结合[32]，通过给新企业贷款的方式来资助风险研发项目。欧洲投资银行将根据尽职调查在经济上提供资助，比例可高达贷款额的 50%，以此来鼓励其他贷款人的参与。这项贷款没有外部的评级，因此那些信用程度低但拥有出色潜力的公司可以获得资金。

另一个有趣的模板通过利用特定疾病的基础建立一个"科学共识"来降低风险，加快科技创新。这个"科学共识"设计和定义了融资协议来为单一疾病创建一个研究和临床数据共享实体。例如，基金会可以资助许多大学的项目，但它发现，如果来自不同大学的教授想要处理相同的干细胞和试剂，那么它必须与每个大学的技术转让办公室进行协商。共识是一种精简合同、定义和资助协议的机制，让基金调查人员可以直接访问同一个基金会所资助的其他研究人员的研究资料。[33]另一种可能性是构造一个资金和研究公司，它将对外授予基金会所资助的知识产权。作为一个特殊的控股公司，它可以创造出特殊使用权费用来吸引大学的技术转让办公室的参与。科学界对于采纳这些想法有着持续不断的兴趣，尤其是这些想法涉及了共享数据和资源。[34]

克服上市股权投资和风险投资的局限性

风险投资和上市股权市场是目前医疗研究经费的主要来源，但这两种渠道都被证明不能够独自资助快速的疗法。

典型的风险投资周期长达3～6年，这个时间轴呈现出与有的需要20年的科学研究周期在时间上不匹配的特点，由此导致的资本分配不当可能会阻碍医疗技术的进步。

上市不会奇迹般地解决大多数生物科技公司的问题。运行一家上市公司，关注十年或更长的投资周期而非短期的盈利的压力是相当大的。大多数典型公司的资金都是通过单一的IPO获取的。但由于股市——特别是生物技术板块——的波动性很大，这种通过IPO获取资金的方式可能会产生少于预期的资金或者可能不得不被推迟融资。公司具体技术的价值可能被市场上对于生物科技的普遍情绪所掩盖。由于以偏概全，潜在的医学突破可能沦为一个特定年代市场心血来潮的牺牲品。

由于现行的融资渠道是有问题的，因此考虑融资模式转变就变得有意义了。如果有一种方式能用来评估与治疗某种疾病，或者判定与医疗问题的专利相关的投资组合的价值，那么投资组合也可以变成为加快研究进行融资的有价证券，它将提供资金以加速研究。通过证券化或"货币化"已经存在的技术许可，公司可以在没有负面的财务报表或税务后果，且无须额外发行股本的情况下实现短期融资。换句话说，在市场可能变得更有利的情况下，对于日后 IPO 的发行不会造成影响，或者只会造成很小的负面影响。这种结构也拥有让公司绕过股市波动，更直接地投资公司技术，并最终共享技术利润的优势。

药物研发潜在的证券化应该在知识产权保护和商业化的背景下予以考虑。通常，一个给定的知识产权组合中只有大约 5% 的创新拥有商业化的价值。[35]许多类型的知识产权（例如版权使用费、专利价值和药物化合物的价值）扮演着一个相似的分担风险、分享回报的角色（以少数产品来占据大量回报）。这种发现、发展和集中的财务回报模式对于所有行业（包括娱乐、传媒和出版）来说都是常见的，在这些行业中价值大多数建立在无形资产之上。多个专利的汇集可以提供至关重要的风险分散机制，因为不是所有的科学途径最终都会完美实现。早期项目的数量越多，成功的几率就越大。

面临的挑战是设计一个有信用增强、预订销售和其他金融、市场策略的，或者能够使基金会、投资者、病人、政府以及商业利益达成一致的商业战略资金结构。这种结构应该是可以利用流动性的资本市场和风险分散来降低生物科技、生物制药和医疗器械公司的资金成本，并以股权补偿作为基础来吸引科学和管理人才。为了使对于这些公司的资助保持稳定，有必要设定基本面分析和融资资本结构的规则。

为了应对这个挑战，风险投资管理的角色是至关重要的。落实这一点（通过低于市场利率的项目相关投资来提供贷款损失担保和信用增级）需要对专注疾病治愈的思维作出根本性改变。这意味着用它们要在研发过程中进一步利用私人投资，而不是追求分发科学补助金的模式。

在金融市场上与过去的创新最具有天然类似性的是企业债券市场。有一段时间，没有人投资于低于级别的债券。但是假如给定一个清晰透明的评估模型（这个模型将分享回报和分担风险进行了分离）和市场流动性，那么投资者会愿意承担风险并蜂拥到新的细分市场。风险几率并没有突然的变化，但是透明度使得这些几率变得让人可以理解了。同样，期权市场在推出布莱克-斯科尔斯期权定价模型后一路飙升。一旦投资者可以识别风险和回报，相对于其他交易的证券而言，他们可以校准期权的价格。

在这两个例子中，清晰透明的评估模型和市场流动性组合填平了市场的间隙。在生物制药行业，透明的评估模型可以在药物研发的第二阶段吸引新的资金，在填平资金缺口中发挥了重要的作用。

为了保证充分的透明度，与药物研发进程相关的证券化不得不用到拥有生命科学专业知识的专利律师，可以评估科学方法、风险和影响的医学专家，可以量化商业化和预期特许权使用费的前景的医药行业专家，可以提供资金和信用担保的有兴趣的基金会。

医药融资中的信用增级战略

生物医学证券化的风险可以通过利用抵押、保险和风险分担协议来削减。这些削减方式会增加与目标企业和项目的资产负债表和表现不相关的投资者的风险。信用增级已用于企业债券、证券化债券、衍生工具及其他金融工具。它可以在内部解决（通过提供收取相关抵押品、超额抵押或者可能偿还损失的准备金账户的利息率超额部分），也可以在外部解决（通过履约保证金、伴随的安全保险或第三方保证、信用证、薪金抵押账户或者为了防止错误发生，由外部组织提出的其他办法）。

让我们来通过两个例子看看它是如何加速医学研究商业化的。

针对具体疾病的基础信用增级

当涉及信用等级增级时，仅有医学知识产权持有者与投资者的简单合作是不够的，它们需要一个法律结构来满足它们的治理、责任和合作支付的需要。图 7—3 列举了相关交易的要素。

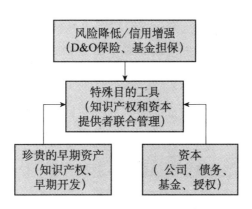

图 7—3 加速医疗产业发展的杠杆融资

资金提供者可以是一个懂得如何减少研发和商业化风险，并明白怎么为工作中的科学家创造一个富有成果的环境的有经验的生物制药企业的企业家。也可以是一个希望向其他投资者贡献资金（以分享回报为目的）或者提供担保的基金会。

资产可能包括一个多样化的专利汇集（有来自大学或者生物制药公司和生物科技公司的知识产权专利）和早期阶段的人力资本。在这种情况下，一个有特殊目的的载体（SPV）——一家私营公司——将提供资产（知识产权和专利）来换取股权，并且将由知识产权持有者和投资者共同管理。特殊目的载体的目标是发展科技和科学，增加它们的价值并减少大型制药公司的商业化风险。在这种情况下，知识产权供应商将成为拥有特定保护措施来保证它们因其所拥有的股权而能得到合理回报的投资者。

SPV 能够接受基金会的利益，专注于特殊疾病的研究。例如，一个关注老年痴呆症的基金会在疾病的发展中可能会汇集不同类型的药物。这将减少科学失败的风险，但与此同时，显著的商业化风险留了下来，这种情况将阻碍 SPV 发行投资等级的债券。基金会能够提供财务担保——一个信用增级可以提高汇集的信用质量——由此为 SPV 开辟更大的投资者市场。虽然科学方法的多样化应该有助于缓解这一风险，但如果担保实际已被使用，那么它可能成为一种补助金。

然而，特定疾病的医学基金会要求对项目的花费进行预测，因为它们的预算通常包括资助的回报，并且不能同意因为一个保证就对它们的资本减少关注。为了适应这一过程，特定疾病基金会能通过以下方面来提供信用增级：

1. 在信用评级机构为了帮助提高投资等级而对交易结构进行检验之后，基金会可以用投资资金的 10%～15%购买一个更小的担保来提高信用等级。

2. 该基金会可以与保险公司构建一个更符合其预算需要的信用增级。

3. 一个关注疾病的基金会可能会跟一个更大的基金会合作，再次通过提供足够多的资金和保证来将交易结构提升到投资等级。

能够被构造为由 SPV 控制的看涨期权的 SPV 权益资本可能来自一

个大型生物制药公司（多为大型制药公司当下对于生物科技公司后期阶段的投资）。为了降低投资者的风险，股权融资与债权融资的杠杆比为3∶1，这反过来将通过信用增级来降低风险（如董事及高级职员责任保险、研发税收抵免或基金会信用增级）。

用以市场为基础的分析来缓解风险使得风险被分摊到资本市场不同的位置和不同的资本提供者（包括基金会），这样的风险分配是根据资本市场不同位置和不同的资本供应者独特的风险偏好来进行的。一旦大型制药公司行使其期权（用那些收入消除债务），那么合资公司将是成功的。大型制药公司还通过销售/授权与私募股权投资者的回购交易等方式在其他情况下行使期权。另外，债券本金能够以专利投资实体对保险公司行使期权获取的现金来充当。

用董事及高级职员责任保险来提升信用质量

董事及高级职员（D&O）保险覆盖企业高级管理层和董事会成员的行为，并包括有关知识产权和产品开发的行动。通过增加保费，该保险可以覆盖生物技术产品开发的科学和商业风险。

作为一个商业实体，图7—3中的SPV能够实施董事及高级管理人员责任保险，这可以作为一种附加的信用增级手段。该保险涵盖董事会可采取可能损害公司的价值的行为，一般情况下的技术管理纰漏和特殊情况下的药物开发失败。保险公司已经接触到技术风险，而且由于SPV的治理结构透明度持续增加，它们应该愿意为额外保险费提供额外的覆盖面。

用金融创新来改变全球健康

在现实中，除了面临着研发生产力下降的全行业现象，还面临着一个更大、更迫切的问题：全球卫生保健投资的分配明显不均。只有不到10％的全球投资用于疟疾、艾滋、肺结核等目标疾病的药物研发，而这些目标疾病给发展中国家带来无尽的苦难，并且世界上90％的人口都受其影响。[36]

对诸如疟疾这样的广泛疾病的消除将会对新兴国家的经济增长产生显著影响，同时缓解全球经济的不平等。[37]但是利润的压力导致制药公司专注于富裕国家的"西方"疾病的药物和治疗方法的研究，导致其他药物的研发问题无法得到解决。在当前的金融环境下，可能治愈贫困疾病的好方法几乎不可能实现。需要用创意策略将资金引导到最迫切需要的地方。

与肺结核的对抗是一个很好的例子。世界卫生组织估计，1/3的世界人口易患肺结核，每年有170万人会得这种病。[38]非营利组织结核药物开发全球联盟与拜耳医疗保健公司形成了合作伙伴关系，以推动与这种致命疾病的对抗。据估计，结核药物的全球市场在2.61亿～4.18亿美元。[39]由于制药的盈利潜力较小，再加上肺结核的主要影响对象是新兴国家，这项研究未能获得任何一家制药公司的青睐。因此，对于肺结核病患者的治疗，医生不得不依赖于几十年前开发的药物，而这些过时的疗法必须以六个月为一个疗程。[40]

该联盟已采取相应措施来促进医疗解决方案以挽救生命。它在结核病研究方面致力于知识产权保护并且整合药物试验和研究工作。由国家捐赠（主要是欧洲国家和美国）以及盖茨基金会和洛克菲勒基金会提供资金。[41]

于2005年宣布的拜耳和该联盟的伙伴关系如图7—4所示，它的目标是整合全球临床试验，这些临床试验是关于现有抗生素——莫西沙星对肺结核的治疗潜力的研究。在动物研究中，莫西沙星将肺结核六个月的标准治疗时间缩短了两个月。

在美国和欧洲几个国家政府的大力支持下，该联盟一直在协调和承担研究费用。这个伙伴关系的目的在于使抗结核药物以一个非营利价格面世。随着对其费用的承担，拜耳可以持续供应，此外，如果药物的开发过程是成功的，那么拜耳将获得 FDA 关于莫西沙星额外规定用途的批准；该审批到 2011 年就会获得。[42]截至 2009 年，莫西沙星在非洲的几个地点进行了三期临床试验。[43]对于几十年都没有任何医疗进展的致命疾病来说，这种创新的合作模式使肺结核的药物治疗手段得以复活。

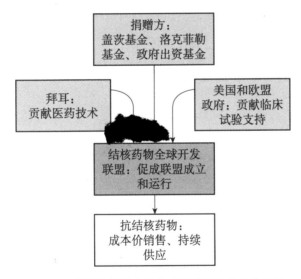

图 7—4　拜耳和结核药物全球开发联盟合并的结构

另一个有趣的公司合作关系是葛兰素史克生物制品公司（GSK）和国际艾滋病疫苗行动组织（IAVI）组成的钢铁联盟。类似于上面讨论过的肺结核病伙伴关系，GSK 和 IAVI 正在合力阻止艾滋病的蔓延。它们的目标是由 GSK 公司生产出以非营利价格出售的可持续供应的艾滋疫苗。[44]在联盟成立后的头十年，新的中和抗体被发现了，这为进一步药物研究提供了药物疫苗靶标。

2004 年底，英国成为抗击艾滋病的主要支撑者。英国建议的一个关键要素是重大进展购买协议（俗称提前市场协议），承诺一旦成功开发，英国将购买数百万剂的艾滋疫苗。[45]在推进市场的承诺下，捐助者为疫苗制造商提供资金，以保证一旦研发成功，疫苗的价格可以保持在较低水平，这也给疫苗制造商投资于所需研究、支付工资、建造生产设备提供了激励。参与公司作出了具有约束力的承诺，保证在捐助资金用完后疫苗仍能以持续低廉的价格供应。

同样在 2004 年，英国加入了其他国家的类似承诺，以确保由 GSK 公司研发的抗疟疾疫苗得以交付。作为当时的英国国库大臣，戈登·布朗在接受 BBC 采访时总结了为什么这些措施推进了采购工作，他指出："目前的问题是会有某个地区的购买资金不足，我们需要确保的是该疫苗切实进入商业化生产，并且是在实惠的价格下进入商业化生产。因此，我可以宣布，英国政府与其他政府 ██████ 备提前购买这些疫苗以确保一个安全的市场，并且使这些疫苗可以更便宜"。[46]

这个想法继续获得了助力：早在 2007 年，一个新的 15 亿美元的预先市场承诺的多边程序正式推出，由各国政府捐资，为全世界最贫困国家的儿童研发疫苗。第一阶段侧重于生产肺炎球菌疫苗，以拯救患有致命的肺炎的儿童。这个计划呼吁发达国家为向它们提出要求的贫困国家提前购入疫苗，以使贫困国家拥有前所未有的购买能力。托马索·帕多阿·夏奥帕（Tommaso Padoa－Schioppa）指出：这个问题"创造了私人市场所不能创造的市场激励机制"。[47]

如图 7—5 所示，预先购买协议通过建立一个支付公平治疗价格的稳定市场改变了公私合作伙伴关系的经济状况。它们省去了协调多个政府机构、基金会和非营利机构的麻烦，创造了私有化效果。制药商曾经都不愿意进入治疗贫困疾病的市场，而这种创新降低了未来回报的不确定性。通过创建一个稳定的市场，政府和非政府组织将产业研究能力重新定向于最迫切需要的地方。

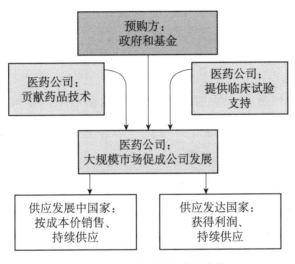

图7—5 预购契约的交易结构

卫生经济学家指出，提前购买为发展中国家创造了一个与发达国家一样强劲的医药产品治疗市场。这个"拉动机制"即产品在需求的基础上交付，很可能是成本效益原则在公共资金上的使用。

在最新的研究中，国家经济统计研究局的经济学家对预先购买协议的潜力进行了校准，估算表明，生物技术和制药公司有动机去追求30亿美元或更多的市场预期收入。以每剂15美元的价格购入2亿美元的疫苗后再以每剂1美元的价格继续购入，市场可以通过提前购买实现30亿美元的收入。经济学家发现，这种每剂15美元的财务机制所花费的成本比目前在资金不足的国家的治疗成本要低很多。[48]

牛津大学的安德鲁·法洛（Andrew Farlow）则对提前购买协议提出了批评：该方案的设计将不会导致最有效的治疗方法，因为该方案奖励将第一制药解决方法推向市场。[49]而万一第二种制药方法对疾病更有效呢？计划的支持者表明：不是所有的资金都会被一次用完，所以当替代品出现时会有剩余购买力。法洛同时指出，该方案的设计充满了潜在的腐败，东道国政府被要求为每剂疫苗捐赠 1 美元，而其他基金会将捐赠 14 美元。一个无良公司可能贿赂政府官员以获取数百万美元的收入。

这些虽然都是实质性的批评，但必须权衡对基金会和捐助国家的明显偏好，因为提前购买协议是现在可以加速治疗以挽救生命的最好途径。

使用捐助债券承销医学研究和药物输送

2005 年 3 月，六个欧洲国家的政府宣布应用一个叫做"捐助债券"的金融创新，以此来加速对非洲的药物输送速度。这种预计在数年内总共发行 40 亿美元的债券将增加非洲疫苗接种项目的可用资金。

捐助债券指信用卡公司用顾客未来的还款作为抵押来申请贷款。（在这种情况下，未来的礼物是抵押品。）银行财团或资本市场证券化的借贷融资安排能够推进捐助者对于具有约束力的承诺的保证。未来的现金流被转化为当前的资金。

生物制药公司通过把一种开发出的药物在发达国家推广来获取利润，并在发展中国家以成本价销售。捐助债券注入发展中国家市场，在短期内带来更大的需求。由于药物已经投产，应对挑战的机制现在是那些简单的生产方式和供应链的扩张。

第一种捐助债券于 2006 年 11 月发行，由来自英国、法国、意大利、挪威、瑞典、西班牙和南非的未来捐款组成（美国政府以联邦政府不允许证券化结构的长期承诺为由而拒绝参与）。债券发行由被称为国际融资免疫机制的 SPV 和世界银行作为财务顾问和财务经理。[50]受助于债券的这些项目将由全球疫苗与免疫联盟管理，已收到盖茨基金会未来 10 年提供 7.5 亿美元的承诺。全球疫苗与免疫联盟预计，由于捐助债券而加速的免疫接种将挽救 500 万儿童和 500 万成人的生命。仅在 2007 年，约 6.33 亿美元的 IFFIM 资金被用于免疫安全程序，来加强发展中国家的卫生服务，以努力根除脊髓灰质炎、麻疹、孕产妇和新生儿破伤风以及黄热病。[51]多种疫苗债券已经发行，其中包括一个在 2009 年 6 月推出的为发展中国家保证药物价格的 15 亿美元的疫苗债券。

另一个解决贫困疾病的组织模式——非营利制药公司出现了。行业资深人士维多利亚·黑尔（Victoria Hale）博士在 2000 年创建了 One-World Health 公司，为严重影响新兴国家的疾病研发有效且便宜的药物。她组建了一个科学团队，并不以营利为目的地选择有前景的候选药物。

作为一个非营利组织，OneWorld Health 受到了政府和基金会的资助，并为其提供了以捐赠知识产权的未来价值为基础的税收减免政策。它经常与大型制药企业合作研究，并为非专利药物提供了一个不以营利为目的的可行路径。像印度黑热病等寄生疾病的治疗方法正在研发中，并且该组织还特别关注了治疗痢疾和疟疾等常见致命疾病的新的治疗方法。[52]

结　论

有形资本（如股票、工厂、银行账户）可能依然重要，但它已经不是 21 世纪经济发展的火车头。人力资本、思想、研究和新技术的独特性是新的货币——医学研究领域将大放异彩。

但它是我们时代的一个可悲的讽刺，虽然治愈疾病、定制治疗并改善全球卫生标准存在巨大的科技潜力，但资金的短缺却阻碍了从早期研究阶段到推向市场阶段的过程。商业化基础研究应用到新疗法的过程充满了陷阱。

虽然研发生产力的当前状态看起来令人沮丧，但是我们不能容许停滞。今天的挑战是重新思考研究模型的财务基础，找到一种方式为系统注入动力。如果财务创新者将他们最好的想法应用于这个舞台，我们能够解放科学家，让他们去追求最有潜力的想法，更有希望使我们更加接近长期追求在发展中国家和发达国家挽救生命和减少痛苦的目标。

不论最终解决的方式是多样化和汇集，提升董事以及高级职员的保险，更大地发挥基金会和公私合作机制的作用，还是推进采购、捐赠债券或组合策略，有一点是明确的：药物、医疗器械和保健技术研发方面的资金短缺问题是可以解决的。金融技术，创新的证券化和结构性融资可以克服这些障碍，让科学来履行其承诺。

8

金融创新的六项基本原则

在这样一个危险的时刻——面对严重的经济衰退，在
健康、住房、环境、商业及全球发展均面临着前所未有的
挑战时，我们需要更多的金融创新。

　　自 2008 年那次震撼全球市场的猛烈冲击后，一场喧嚣而激烈的争论将矛头指向了是不是金融创新让我们陷入了混乱。评论家们都十分迫切地准备挑起这场没有硝烟的"战争"。

　　但我们的争论点是：仅为投机或欺诈目的而有意设想出来的模糊的金融工具与真正的创新毫无关系。真正的文章都是关于增加透明度、衡量与减少风险以及寻找新的方法将资本导向那些迫切需要它的地方。在这样一个危险的时刻——面对严重的经济衰退，在健康、住房、环境、商业及全球发展均面临前所未有的挑战时，我们需要更多的金融创新。甚至连坚定的金融创新的批判者都不得不承认，我们需要"好"的创新来向穷人提供金融服务、为医疗解决方案提供资金以及实现其他社会目标。[1]我们需要找到一种更好的方法来评估和引进新的金融产品，让我们得以分辨良莠。

　　对金融创新的终极检验是其在资本市场成功发挥功能的能力，吸引可持续投资的能力。如果投资项目的投资者或者发起人得知他将不对此负责，并且不用承担失败的损失，那么整个社会和金融合约的基础将不复存在。

　　虽然关于政府在遏制金融过度中的角色的争论仍在继续，但是保持谨慎的态度来继续进行讨论是非常重要的。破坏对金融创新的激励或引发道德风险的措施将产生严重的、意想不到的后果，最终损害金融市场的弹性和实体经济。金融创新，从真正的意义上讲，是可以通过抑制波动性、解冻信贷市场、使企业能够更好地进行决策，来帮助我们克服金融危机的。

　　如果说最近的事件告诉了我们什么，那就是我们需要新的、更好的工具来面对资产泡沫以及降低房地产市场的风险（这是大多数金融危机的来源)。[2]在令人晕眩的经济泡沫期间,投资者放弃了历史定价数据,乐此不疲地在快钱的浪潮中疯狂投机。即使收益很明显是不可持续的,但一种乐观的狭隘视野占据了上风。投资者们对可以预见的未来的所有投资都假定一个非常高的回报率,不论期望值如何变化(如在金融危机前各种资产间的利差减小所暗示的那样)。在这样的环境背景下,消费者和金融机构都背负了危险的、过高的杠杆率,似乎忘记了隐藏在他们资产负债表中复杂产品组合下的风险。

由此看来,在2000年之前科技股泡沫发生时的"非理性繁荣"与市场失灵从未真正消散。它们只是简单地转移到了被认为更具毒性的房地产资产中。显然,我们必须找到一种更好的方法来防止经济繁荣与萧条交替循环地出现。

有人把危机产生的原因错误地归咎于金融创新,它很快成为得到大家公认的出气筒。但是金融过度却是由人为的低利率和信用的简便易得所引发的。在这样一个过度流通的环境下,复杂难懂且不透明的金融工具的引进,使得对通过不带追索权的合约的违约制造了动机,而负的摊还贷款就像是给干的火种喷点火焰。

虽然危机起源于美国,但是少有或根本没有金融创新的国家(如爱尔兰、西班牙、希腊)也经历了资产泡沫和房地产引发的金融危机。[3]因而,将金融创新定为罪魁祸首确实是错误的。

真正的金融创新需要回到在2007年前的那段让人们飘飘然的时光中,关注被人们忽视了的估值与风险评估的基本因素。当所有的矛头都指向金融创新时,很少有人提出一个尖锐的问题:一个缺乏透明度的1万亿美元的债券市场对抵押债务意味着什么?对于财务公司来说,在5年的时间中,将财务杠杆率从5∶1扩张到30∶1而不产生任何后果,是现实的吗？那样的财务杠杆背后有怎样的现金流和公司战略作支撑？所有的资产评估——对住宅、证券或者商品的估值是否都基于实际情况？最终，又由谁付出、谁受益于政府引导的巨大的社会化信用风险？

经历危机后如惊弓之鸟一般，许多官员和专家认为要全面遏制金融创新。但这一立场忽略了一个事实，即货币政策和鼓励道德风险的政府行为才是这次危机的根本所在。金融创新是一个试错的过程，炸毁实验室并不能推进科学发展。我们正面临着风险定价和风险管理方面悬而未决的问题，我们亟须寻找答案，没有时间可以浪费。想体现金融领域的弹性与生命力及其未来刺激增长与解决社会问题的能力，有赖于我们开发更好的应用方式的能力。金融创新者总是向前看，但正如一句老话说的那样，那些不能从历史中吸取经验教训的人注定会重蹈覆辙。在我们从事未来的金融活动之前，我们必须了解和纠正过去的那些过度无节制的行为。

原则一：复杂不是创新

在过去的十年中，新证券变得如此复杂，以至于连投资公司的首席执行官们都无法理解。但是，复杂的和创新不是同义词，从来都不是。

金融创新不必费力地人为复杂化，小题大做（见图 8—1）。诚然，一些有价值的金融技术涉及难懂的方程式和专业术语，但单就复杂程度这一点，并不能对某件事作出突破。即使是最好的财务模型也会受累于质量差的未经检验的数据。许多时候，最好的解决方法恰恰存在于简捷的优雅之中。许多在金融危机中失败的错综复杂的金融产品表现为掩盖而非公开数据、集聚而非分散风险、提高而非降低资本成本、制造而非解决资金缺口。从这个意义上讲，这些产品阻碍而不是推动了金融创新的进程。

经鲁布·戈德堡同意后使用。

图8—1 避开收账员

产品差异化，其本身并不是创新，而只是一种市场营销战略。简单地模仿现存药物的仿造药方并不能为药物治疗提供任何进展，就像为获取额外的超市货架空间而制造的另一种裹糖的早餐谷物并没有提供新的营养价值一样。一项包括多项隐含费用的信用卡、移动通信计划或保险政策，并不能解决真正金融创新所需的标准化和透明度的问题，标的产品并没有发生改变。隐藏费用与风险并不是创新，只是不透明而已。真正的金融创新的终极目标不是在市场上戏弄或欺骗消费者和投资者。当金融市场和金融创新通过克服而非创造信息不对称的方式提供价值的时候，金融市场与创新便可以为企业、家庭和政府创造效益。那些事实证明对市场具有毒性的金融产品，通过模糊风险信息、疏于检验信用分析中所需的基础数据这两种对任何投资决策而言都是关键的行为，歪曲了金融创新的整体目的。

原则二：财务杠杆不是信用

自从莫迪利安尼和米勒第一次让我们以创新的视角思考资本结构时起，我们就了解到财务杠杆本身并不能创造价值。信用是一个能促进经济健康增长的重要工具，但当货币政策过于宽松时，各个层级的市场参与者都会受到利用大量举债谋求更高利润的诱惑。当投资者的财务杠杆过高时，标的资产的价值只需小幅降低便足以令投资者们陷入水深火热的困境之中。

在一个随心所欲地利用信贷和宽松货币政策的时代，动机不纯带来的危险性（如抵押贷款经纪人通过发放有问题的贷款而将所有涉及的风险向下传递；或者证券评级机构向由它们进行评级的证券发行方收取费用）会被放大。类似地，在房地产市场繁荣鼎盛时期，那些没有付任何首付的购房人会更具备违约（不偿还贷款）的动机。同样的故事在房利美公司和房地美公司上演，这两大房贷公司进行扩张并购买了多种复杂的证券化资产，从而给持有它们债务的政府和私人金融机构带来了"太大而不能规避"的问题。[4]最终，金字塔式交易的风险暗示了一些政府行为可能将问题转化成机构"太大而不能倒"。太多的金融机构在以过少的资本来支撑不断提高的财务杠杆比率。对于那些用短期负债为其资产进行融资的企业来说，问题是复杂的。不幸的是，当这种空中楼阁般的计划失败的时候，我们便突然从银根宽松的时代跌入了信用紧缩的时代。

过度举债的能力促使市场参与者越过了十分重要的步骤，即对财务报表、金融产品、管理层以及市场条件的基础分析。不论一个新型的金融产品有多复杂，它的最终价值有赖于对数据、回归基础的详尽研究。

修复尽职调查和审慎的基本面将是确保信用得以适当恢复的关键所在。

原则三：信息透明让创新成为可能

只有当金融创新包含了风险评估所必需的、准确的基础数据时，金融创新才能发挥最大的效用。不论情况是评估与一种债券相关的风险，还是评估一项信用——如给抵押贷款申请者做信用评分，以上观点都同样适用。消费者、企业、投资者以及整个经济都会受益于充分且透明的信息披露。更优质的信用记录会带来更广泛的资本取得途径。

在经济泡沫时期，人们把获得可靠信息以及认真评估风险的必要性抛到一边。借款者们直接在合同的最下方签字，不管是否理解了自己所要履行的抵押贷款合约细则中的文字。利用借款进行投机的投资者过分依赖中介机构不经审查就批准的签章，而不去做好他们自己应该做的关于信用质量的调研工作。证券过度复杂的风险（如立刻浮现在脑海中的双重担保债务凭证和三重担保债务凭证）被信用评级机构和投资银行低估了。特殊目的工具的不透明以及用于信用违约互换的神秘市场使得风险发生了转移。

问题在暗中滋生，但是，正如最高法院法官路易斯·布兰代斯（Louis Brandeis）所说："阳光是最好的消毒剂。"真正的金融创新是可以量化且减小风险的，而不是将风险信息模糊化。这项原则将被用于指导市场监督与监管架构的重建，未来的金融产品同样适用此原则。

原则四：资本结构相关

设计一个恰当的资本结构是一项科学与艺术的等量结合，该资本结构能保证公司得以扩张或者资助一个野心勃勃的基础设施项目。最优资本结构可能会受到行业动向、经济运行状况、政府规定或不断增长的需求等因素的影响，从而在不同时期表现为不同的形式。适用于商业周期某一阶段的产权比率，可能在商业周期的下一个运行阶段变得十分危险，如我们已经知道的，很多公司在最近的信用紧缩降临的时候，发现它们负债过高。灵活管理结构的途径和方法能够让经理人在需要的时候降低负债水平。找到最有效的资本结构对初创企业以及成长型企业来说尤其重要，对于那些力求在未来进行整改的传统行业也是如此。

金融是一个连续统一体，一个成功的金融创新者必须能在设计一个公司或者项目的资本结构的时候，选择恰当的技术与证券的组合。在企业财务中已经被熟练运用的即兴创作技术，将会促进金融工具在诸如环境金融和经济发展等新领域的应用。

原则五：民主化资本取得会刺激增长

在 20 世纪前 70 年间，美国最大的企业牢牢掌控着就业、利润及市场份额。这种势力的集中在很多行业造成了寡头垄断，扼杀了市场竞争。但是从 1974 年的那次市场萧条和信贷危机发生时，逐渐兴起的金融创新的浪潮涵盖了很多这本书中概述的实践方法和原理。通过为企业家开辟新的资本渠道，金融创新为新业务、新技术及新产业的繁荣发展铺平了道路，最终迎来了一个高科技、知识型经济时代。

扩宽资本获得的途径会产生这样的变革效果。当初创企业获取了企业发展所需的融资，并挑战现有的垄断竞争时，随之而来的市场竞争与创新使得美国的经济更加充满活力与多元化。当贷款人不再忽视少数利益群体和排斥城市中心的时候，美国的民主得到强化。全球化经济开始为身在其中的发展中国家消除贫困。

当市场中的进入壁垒更低、参与程度更高、市场竞争增强从而带来更进一步的产品及流程创新的时候，市场变得更加健康。但是为了在产品市场获得一个公平的竞争环境，有时你需要资本市场解决方案提供的"金融推土机"。

金融创新的终极检验标准是其刺激增长的能力。让信用、金融服务、社会基础设施建设在全球范围内更方便可得，可以强化增长并产生全面繁荣发展。

原则六：金融创新是积极社会变革的推进力量

金融创新并不仅仅是对资产负债表或者损益表上的数字进行重新组合，它带来的是有形的、对现实世界的影响。这本书中记载了几十个实例，这些实例不仅展示了金融创新如何为取得进步铺平道路，也列举了一系列金融创新仍将面临的严峻挑战。

商业和公司金融一向是金融创新者们肥沃的试验田。在美国，我们已经领略了资本市场解决方案是如何为一个年轻的国家跨洲际的扩张进行资本筹措的。商业及企业先驱者向中产阶级提供商业投资理财产品，与此同时，风险投资者为企业家们的野心与想法提供资金支持。现如今，中小企业经营困难，失业率上升。我们迫切需要缩小资本缺口，并找到让信用及权益投资流向那些给美国提供了大部分就业岗位的创业型企业的新方法。

买房曾经是富人的专利，金融创新改变了房地产市场的格局。而30年按揭贷款的出现，让成千上万的中产阶级和工薪阶层的家庭实现拥有一套属于自己的房子的梦想成为可能。

虽然近来一些房贷产品的失败带来严重的后果，但我们并不能停止在这个领域的金融创新。我们需要能够稳定房地产市场并能吸引私人资本流回该经济体系的新解决方案，金融创新者将不得不寻找新的方式来更负责任地促进住房建设和解决保障性住房的短缺。

近几十年来，环境金融的发展呈现上升势头。州立循环基金被用来资助洁净的饮用水系统及保护湿地。二氧化硫排放许可的限额交易市场基本上消除了酸雨问题。"以债务换自然"项目已经保护了一些地球上濒临灭绝的物种与自然环境，与此同时，个人可转换配额的实行帮助恢复了被过度消耗的鱼类资源的发展。尽管环境金融取得了这些显著的进展，然而最大的挑战仍摆在眼前：实现一个基于市场的解决方案来降低碳排放，以及为一个新的绿色经济融资。

发展金融一度是留给政府官员与非政府组织的议题，但是现在越来越多的人意识到，单凭外国援助并不足以永久地消除贫困。我们需要引导私人资本来刺激新兴市场的增长。小额信贷以其创造性的方式帮助最穷困的人们通过经营小本买卖来维持家庭生计，而手机银行正开始给那些曾经被排除在全球化经济之外的上百万人带来金融服务。具有影响力的投资者们正在建立融合了风险资本与资助因素的新模型。世界银行绿色债券用来给低收入水平国家的绿色科技及可持续性发展项目提供融资渠道。接下来的一项艰巨的任务是给那些发展中国家的对于小额信贷而言规模过大，但对于商业银行提供的信贷服务而言又规模过小的，处于"消失的中间地带"的中小型企业提供融资。这一经济领域有着巨大的增加就业的潜力，并且伴随着适量的资本投入，它能释放广泛且持续的增长，使大量人口摆脱穷困。

在医药领域，金融创新可以帮助基础研究顺利地转化为临床疗法。因为开发和临床试验是一个长期的、有风险的过程，人们迫切需要融资解决方案来确保突破性思想不会在实验室里枯萎和死亡。新型的组织结构，如私募基金、基于专利的模型、将融资风险与公共部门风险联系到一起的合同研究组织，正共享基础设施以便设计出缩小这一资本差距的方法。在全球卫生领域，公私合作伙伴关系正在为解决发展中国家中的那些曾被忽视的问题提供新的资金支持。提前采购协议和捐助债券使得给穷困地区的人们寻求疾病的新疗法成为可能。

尽管最近出现了金融危机，金融依旧是扩张发展的强有力的催化剂。只要以金融的视角分析经济、社会、环境及公共政策面临的挑战，并以负责任的方式运用恰当的工具，我们就能克服那些曾经被视为不可逾越的障碍。

注　释

第一章

〔1〕 Joseph R. Mason, "The Summer of '07 and the Shortcomings of Financial Innovation," *Journal of Applied Finance* 18, no. 1 (2008): 8-15; Markus K. Brunnermeier, "Deciphering the Liquidity and Credit Crunch 2007-8," *Journal of Economic Perspectives* 23, no. 1 (Winter 2009): 77-100.

〔2〕 William N. Goetzman and K. Geert Rouwenhorst, *The Origins of Value: The Financial Innovations That Created Modern Capital Markets* (New York: Oxford UniversityPress, 2005).

〔3〕 这些商人被称为记账商人，因为他们在木棍上记录客户的购货信息。木棍的一侧记录赊账信息，另一侧记录付款信息。

〔4〕 Merton H. Miller, "Financial Innovation: The Last Twenty Years and the Next," *Journal of Financial and Quantitative Analysis* 21, no. 4 (December 1986): 437.

〔5〕 Ross Levine, "Finance and Growth: Theory and Evidence" (working paper no. 10766, National Bureau of Economic Research, September 2004).

〔6〕 Bradford Cornell and Alan C. Shapiro, "Financing Corporate Growth," *The Revolution in Corporate Finance*, 4th ed. (London: Blackwell, 2003).

〔7〕 Robert Merton, "Financial Innovation and Economic Performance," *Journal of Applied Corporate Finance* 4, no. 4 (1992): 12-22.

〔8〕 同上。

〔9〕 Joshua Cooper Ramo, "The Three Marketeers," *Time* (15 February 1999).

〔10〕 Paul Millet, *Lending and Borrowing in Ancient Athens* (New York: Cambridge University Press, 2002). 更多背景资料参见 Peter Bernstein, *Against the Gods: The Remarkable Story of Risk*

(New York: Wiley, 1998); and Michael Hudson and Marc Van de Mieroop (eds.), *Debt and Economic Renewal in the Ancient Near East* (Potomac, MD: CDL Press, 2002)。

[11] Franceso Boldizzoni, *Means and Ends: The Idea of Capital in the West*, *1500—1970* (London: Palgrave Macmillan, 2008).

[12] Karl Polanyi, Conrad Arensberg, and Harry Pearson, eds., *Trade and Market in the Early Empires* (New York: The Free Press, 1957).

[13] Larry Neal, *The Rise of Financial Capitalism: International Capital in the Age of Reason* (New York: Cambridge University Press, 2002); and Walter Russell Meade, *God and Gold: Britain*, *America*, *and the Making of the Modern World* (New York: Knopf, 2008).

[14] Peter G. M. Dickson, *The Financial Revolution in England*, *A Study in the Development of Public Credit*, *1688—1756* (New York: St. Martin's Press, 1967).

[15] Richard L. Sandor and Howard Sosin, "Inventive Activity in Futures Markets: A Case Study of the Development of the First Interest Rate Futures Market," *Futures Markets: Modeling*, *Managing*, *and Monitoring Futures Trading* (Oxford: Basil Blackwell, 1983).

[16] 感谢我的同事理查德·桑德尔为区分金融发展的历史阶段所做的辛勤工作。

[17] Hernando de Soto, *The Mystery of Capital: Why Capitalism Triumphs in the West and Fails verywhere Else* (New York: Basic Books, 2000).

[18] Aristotle, 1259 a 6-23; Plutarch Vit. Sol. II. 4.

[19] Simon Johnson and James Kwak, "Finance: Before the Next Meltdown," Democracy, issue 13 (Summer 2009); www. democracyjournal. org/article2. php? ID=6701&limit=0&limit2=1000&page=1.

[20] Carmen S. Reinhart and Kenneth S. Rogoff, *This Time Is Different: Eight Centuries of Financial Folly* (Princeton and Oxford: Princeton University Press: 2009).

[21] Gregario Mayayo, President of the Spanish Mortgage Association, "The Spanish Mortgage Market and the American Subprime Crisis," Asociación Hipotecaria Espanola, December 2007.

[22] David Miles and Vladimir Pillonca, "Financial Innovation and European Housing and Mortgage arkets," *Oxford Review of Economic Policy* 24 (2008): 145-175.

[23] John Taylor, "The Financial Crisis and Policy Responses: An Empirical Analysis of What Went rong" (working paper, Stanford University, November 2008).

[24] Reinhart and Rogoff, Table 10. 8, p. 160.

[25] Stephen Mihm, "Dr. Doom," *New York Times Magazine* (15 August 2008). See also "In Come the Waves," The Economist (16 June 2005).

[26] James Mackintosh, "Record Profits for Fund Shorting Subprime," *Financial Times* (15 January 2008); and Henny Sender, "Hedge Fund Chief Pessimistic About UK Property," *Financial Times* (18 June 2008).

[27] Xavier Gabaix and David Laibson, "Shrouded Attributes and Information Suppression in

Competitive Markets," *Quarterly Journal of Economics* 121, no. 206 (May 2004): 505-540.

［28］Michael Magill and Martine Quinzi, *Theory of Incomplete Markets* (Cambridge: MIT Press, 1996).

［29］Robert Shiller, *The New Financial Order: Risk in the 21st Century* (Princeton: Princeton University Press, 2003).

第二章

［1］Franco Modigliani and Merton H. Miller, "The Cost of Capital, Corporation Finance and the Theory of Investment," *American Economic Review* 48, no. 3 (1958): 261-297.

［2］Jacques Bughin, "Black-Scholes Meets Seinfeld," *McKinsey Quarterly* (May 2000); Eduardo S. Schwartz, "Patents and R&D As Real Options," Economic Notes 33, no. 1 (February 2004): 23-54.

［3］J. Christina Wang, "Financial Innovations, Idiosyncratic Risk, and the Joint Evolution of Real and Financial Volatilities," *Proceedings*, Federal Reserve Bank of San Francisco (November 2006).

［4］Thomas E. Copeland, John F. Weston, and Kuldeep Shastri, *Financial Theory and Corporate Policy*, 4th ed. (New York: Addison-Wesley, 2005).

［5］更完整的公司融资问题分析参见 Chapters 17 and 18 of Richard A. Brealey, Stewart C. Myers, and Franklin Allen, *Principles of Corporate Finance*, 10th ed. (New York: McGraw-Hill, 2010)。

［6］Merton Miller, as quoted by Matt Siegal in "How Corporate Finance Got Smart: The Modigliani-Miller Theorem Turns 40," *Fortune* (25 May 1998).

［7］Franco Modigliani and Merton H. Miller, "Corporate Income Taxes and the Cost of Capital: A orrection," *American Economic Review* 53 (1963): 261-297.

［8］For example, see Alan Kraus and Robert Litzenberger, "A State-Preference Model of Optimal inancial Leverage," *Journal of Finance* 28 (1973): 911-922; James Scott, "A Theory of Optimal Capital Structure," *Bell Journal of Economics and Management Science* 7 (1976): 33-54; and E. Han Kim, "A Mean-Variance Theory of Optimal Capital Structure," *Journal of Finance* 33 (1978): 45-63.

［9］这部分内容根据 Franklin Allen and Douglas Gale, *Financial Innovation and Risk Sharing* ambridge, MA: MIT Press, 1994); and Peter Tufano, "Financial Innovation," in George M. Constantinides, Milton Harris, and René Stulz, eds. , *Handbook of the Economics of Finance*, Volume 1a, Corporate Finance (New York: Elsevier-North Holland, 2003)。

［10］事实上，这种有证券就是一种信用违约互换，当某公司违约时，以此避免损失。See Chapter 3, "Innovations in Business Finance," for a full discussion of these instruments.

［11］Robert A. Jarrow and Maureen O'Hara, "Primes and Scores: An Essay on Market Imperfections," *Journal of Finance* 44 (1989): 1263-1287.

［12］ See Deborah G. Black, "Success and Failure of Futures Contracts: Theory and Empirical Evidence," Salomon Brothers Center for the Study of Financial Institutions Monograph Series in Finance and Economics, Graduate School of Business Administration, New York University (1986); and Darrell Duffie and Matthew Jackson, "Optimal Innovation of Futures Contracts," *Review of Financial Studies* 2, no. 3 (1989): 275-296.

［13］ Jerome Detemple and Lawrence Selden, "A General Equilibrium Analysis of Option and Stock Market Interactions," *International Economic Review* 32 (1991): 279-303.

［14］ See Jennifer Conrad, "The Price of Option Introduction," Journal of Finance 44 (1989): 487-498; and Jerome Detemple and Philippe Jorion, "Option Listing and Stock Returns: An Empirical Analysis," *Journal of Banking and Finance* 14 (1990): 781-801.

［15］ James C. Van Horne, "Of Financial Innovation and Excesses," *Journal of Finance* 40 (1985): 621-631.

［16］ See Franklin Allen and Douglas Gale, *Financial Innovation and Risk Sharing* (Cambridge, MA: MIT Press, 1994); and Darrell Duffie and Rohit Rahi, "Financial Market Innovation and Security Design: An Introduction," *Journal of Economic Theory* 65 (1995): 1-42.

［17］ Michael C. Jensen and William H. Meckling, "Theory of the Firm: Managerial Behavior, Agency Costs, and Ownership Structure," *Journal of Financial Economics* 3 (1976): 305-360.

［18］ See Richard Green, "Investment, Incentives, Debt, and Warrants," *Journal of Financial Economics* 13 (1984): 115-136; and Amir Barnea, Robert Haugen, and Lemma Senbet, *Agency Problems and Financial Contracting* (Englewood Cliffs, NJ: Prentice Hall, 1985) .

［19］ Stewart C. Myers, "Determinants of Corporate Borrowing," *Journal of Financial Economics* 5 (1977): 147-175.

［20］ Stephen Ross, "Institutional Markets, Financial Marketing, and Financial Innovation," *Journal of Finance* 44 1989): 541-556.

［21］ Robert C. Merton, "The Financial System and Economic Performance," *Journal of Financial Services Research* 4 (1990): 263-300.

［22］ Merton H. Miller, "Financial Innovations: The Last Twenty Years and the Next," *Journal of Financial and Quantitative Analysis* 21 (1986): 459-471.

［23］ 零息债券将在第三章讨论。

［24］ Edward J. Kane, "Technology and the Regulation of Financial Markets," in Anthony Saunders and Lawrence J. White (eds.), *Technology and the Regulation of Financial Markets: Securities, Futures, and Banking* (Lexington, MA: Lexington Books, 1986): 187-193.

［25］ Harry M. Markowitz, "Portfolio Selection," *Journal of Finance* 7 (1952): 77-91.

［26］ William F. Sharpe, "Capital Asset Prices: A Theory of Market Equilibrium under Conditions of Risk," *Journal of Finance* 19 (1964): 425-442; and John Lintner, "The Valuation of Risk

Assets and the Selection of Risky Investments in Stock Portfolios and Capital Budgets," *Review of E-conomics and Statistics* 47 (1965)：13-37.

［27］Fischer Black and Myron Scholes, "The Pricing of Options and Corporate Liabilities," *Journal of Political Economy* 81 (1973)：637-654；and Robert C. Merton, "Theory of Rational Option Pricing," *Bell Journal of Economics and Management Science* 4 (1973)：637-654.

［28］严格来讲，这些是美式期权。欧式期权只允许在到期日执行。布莱克-斯科尔斯模型可应用于欧式期权。

［29］Phelim P. Boyle, "A Monte Carlo Approach to Options," *Journal of Financial Economics* 4 (1977)：323-338.

第三章

［1］National Small Business Association, "2009 Mid-Year Economic Report"：6.

［2］Stewart C. Myers, "Capital Structure," *Journal of Economic Perspectives* 15, no. 2 (Spring 2001)：81-102.

［3］Bradford Cornell and Alan C. Shapiro, "Financing Corporate Growth," in *The Revolution in Corporate Finance*, 4th ed., J. M. Stern and D. H. Chew, Jr., eds. (London：Blackwell Publishing Ltd., 2003)：260-277.

［4］Much of the discussion in this chapter is based on Glenn Yago and Susanne Trimbath's *Beyond Junk Bonds* (New York：Oxford University Press, 2003). See also James R. Barth, Daniel E. Nolle, Hilton L. Root, and Glenn Yago, "Choosing the Right Financial System for Growth," Milken Institute Policy Brief 8 (February 2000).

［5］Charles T. Clotfelter and Philip J. Cook, *Selling Hope：State Lotteries in America* (Cambridge：Harvard University Press, 1989)；and Robert Sobel, *The Money Manias：The Eras of Great Speculation in America, 1770—1970* (New York：Beard Books, 2000).

［6］关于汉密尔顿的讨论来自于 Ron Chernow's *Alexander Hamilton* (New York：Penguin Press, 2004). See also Robert E. Wright, *The First Wall Street：Chestnut St., Philadelphia and the Birth of American Finance* (Chicago：University of Chicago Press, 2005)；and Robert E. Wright and David J. Cowen, *Financial Founding Fathers：The Men Who Made America Rich* (Chicago：University of Chicago Press, 2006)。

［7］Theodore M. Barnhill, William F. Maxwell, and Mark Shenkman (eds.), *High-Yield Bonds* (New York：John Wiley & Sons, 1999)；and Stuart C. Gilson, *Corporate Restructuring：Case Studies* (Cambridge, MA：Harvard Business School Press, 2000).

［8］Glenn Yago, *Junk Bonds* (New York：Oxford University Press, 1993).

［9］Michael D. Bordo and Carlos A Vegh, "What If Alexander Hamilton Had Been Argentinean? A Comparison of the Early Monetary Experiences of Argentina and the United States" (working paper no. 6862, National Bureau of Economic Research, December 1998).

［10］Richard H. Timberlake, *The Origins of Central Banking in the United States* (Cambridge, MA: Harvard University Press, 1978).

［11］H. G. Guthmann and H. Dougall, *Corporate Financial Policy*, 4th ed. (Englewood Cliffs, NJ: Prentice Hall, 1962): 465-466.

［12］Peter Tufano, *Three Essays on Financial Innovation*, Ph. D. dissertation, Harvard University (1989).

［13］同上。

［14］此段内容源自 Robert Sobel, *The Pursuit of Wealth: The Incredible Story of Money Throughout the Ages* (New York: McGraw Hill, 2000); Ron Cherow, *The House of Morgan: An American Banking Dynasty and the Rise of Modern Finance* (New York: Atlantic Monthly Press, 1990); and Jerry W. Markham, *A Financial History of theUnited States* (Armonk, NY: M. E. Sharpe, 2002)。

［15］J. Bradford DeLong, "Did J. P. Morgan's Men Add Value? An Economist's Perspective on Financial Capitalism," in *Inside the Business Enterprise*, Peter Temin, ed. (Chicago: University of Chicago Press, 1991); and Alvin Toffler, *Power Shift* (NewYork: Bantam, 1990).

［16］Larry Neal and Lance E. Davis, "Why Did Finance Capitalism and the Second Industrial Revolution Arise in the 1890s?" in *Financing Innovation in the United States: 1870 to the Present*, Naomi Lamoreaux, Kenneth Sokoloff, and William Janeway, eds. (Cambridge: MIT Press, 2007).

［17］Tom Nicholas, "Why Schumpeter Was Right: Innovation, Market Power, and Creative Destruction in 1920s America," *Journal of Economic History* 63 (2003): 1023-1057. See also Tom Nicholas, "Stock Market Swings and the Value of Innovation, 1908-1929," in *Financing Innovation in the United States, 1870 to Present*, Naomi Lamoreaux, Kenneth Sokoloff, and William Janeway, eds. (Cambridge: MIT Press, 2007).

［18］Thomas K. McCraw, *Prophet of Innovation: Joseph Schumpeter and Creative Destruction* (Cambridge, MA: Harvard University Press, 2007).

［19］G. W. Schwert, "Business Cycles, Financial Crises, and Stock Volatility," (working Paper no. 2957, National Board of Economic Research [NBER], March 1990).

［20］Arthur Stone Dewing, *A Study of Corporation Securities* (New York: Ronald Press, 1934).

［21］主要基于 Felice Bonadio's *A. P. Giannini: Banker of America* (Berkeley: University of California Press, 1994)。

［22］Ameriprise Financial, "Key Facts & Milestones," www. ameriprise. com/about-ameriprise-financial/company-information/key-facts. asp.

［23］Ken Lipartito, *Investing for Middle America: John Elliott Tappan and the Origins of American Express Financial Advisors* (New York: St. Martins Press, 2001).

［24］Robert Sobel, *Dangerous Dreamer: Financial Innovators from Charles Merrill to Michael Milken* (New York: John Wiley & Sons, 1993).

［25］同上。

［26］Tufano, *Three Essays on Financial Innovation*, Ph. D. dissertation, Harvard University (1989).

［27］Josh Lerner, Felda Hardymon, and Ann Leamon, *Venture Capital and Private Equity: A Casebook* (New York: John Wiley & Sons, 2009).

［28］Mary O'Sullivan, "Finance and Innovation," in *The Oxford Handbook of Innovation*, eds. J. Fagerberg, D. Mowery, and R. Nelson (New York: Oxford University Press, 2004).

［29］Douglas Brinkley, *Wheels for the World: Henry Ford, His Company, and a Century of Progress* (New York: Harper Collins, 2003). See also T. Loughran and J. R. Ritter, "Why Don't Issuers Get Upset About Leaving Money on the Table in IPOs?," *Review of Financial Studies* 33, no. 6 (2002): 401-419.

［30］此处基于市场复苏理论，Sobel, *The Pursuit of Wealth* (见注解［14］)。

［31］W. Braddock Hickman, *Corporate Bond Quality and Investor Experience* (Princeton: Princeton University Press, 1958).

［32］同上。Yago (1993).

［33］Sean Monsarrat, "Economist, Defying Conventional Views, Calls Junk Bonds Corporate Scapegoat," *The Bond Buyer* (28 September 1990). See also data from the Salomon Center, NYU's Stern School of Business, as published in Edward Altman, "Are Historically Based Default and Recovery Models in the High-Yield and Distressed-Debt Markets Still Relevant in Today's Credit Environment?," Bank i Kredyt no. 3 (2007) (available at SSRN, http://ssrn.com/abstract=1011689).

［34］Thomson Reuters, SDC database.

［35］Edward Altman and Scott Nammacher, *Investing in Junk Bonds: Inside the High-Yield Debt Market* (New York: John Wiley & Sons, 1987).

［36］*Moody's Industrial Manual*, 1970 ed. (New York: Moody's Investor Services, 1970).

［37］同上。Yago and Trimbath (2003).

［38］Phil Molyneux and Nidal Shamroukh, "Diffusion of Financial Innovations: The Case of Junk Bonds and Note Issuance," *Journal of Money, Credit, and Banking* (August 1996): 502-526.

［39］同上。Yago and Trimbath (2003).

［40］"Briefs: Debt Issues," *New York Times* (15 April 1983 and 1 July 1983).

［41］James L. Rowe, Jr., "MCI Offer Doubled to $1 Billion; Notes Are Placed Before Scheduled Sale on Monday," Washington Post (2 August 1983).

［42］"Zero-Coupon Issue Is Sold by Penney," *New York Times* (22 April 1981).

［43］Franklin Allen and Douglas Gale, *Financial Innovation and Risk Sharing* (Cambridge,

MA: MIT Press, 1994）.

［44］Thomson Reuters, SDC database.

［45］"Sunshine Mining Sets First Offer Backed by Precious Metals Since the Late 1800s," *Wall Street Journal* （5 February 1980）.

［46］John Finnerty, "An Overview of Corporate Securities Innovation," *Journal of Applied Corporate Finance* 4, no. 4 (1992): 23-39; and Stephen A. Ross, "Institutional Markets, Financial Marketing, and Financial Innovation," *Journal of Finance* 44, no. 3 (1989): 541-556.

［47］George W. Fenn, Nellie Liang, and Stephen Prowse, "The Private Equity Market: An Overview," *Financial Markets Institutions and Instruments* 6, no. 4 (July 1997): 1-105.

［48］George W. Fenn, Nellie Lang, and Stephen Prowse, "The Economics of the Private Equity Market," *Federal Reserve Bulletin* (January 1996).

［49］Andrew Metrick, *Venture Capital and the Finance of Innovation* (Hoboken, NJ: John Wiley & Sons, 2007).

［50］Glenn Yago, Mike Bates, Wendy Huang, and Robert Noah, "Tale of Two Decades: Corporate Control in the '80s and '90s," Milken Institute Research Report 21 (November 2000). See also Zoltan Acs, Randall Morck, and Bernard Yeung, "Productivity Growth and Firm Size Distribution," Milken Institute Research Report (June 1996).

［51］Franklin Allen and Douglas Gale's *Financial Innovation and Risk Sharing* (Cambridge, MA: MIT Press, 1994).

［52］Enrique Schroth. "Innovation, Differentiation, and the Choice of an Underwriter: Evidence from Equity-Linked Securities," Review of Financial Studies 19, no. 3 (2006): 1041-1080.

［53］Jalal Akhavein, W. Scott Frame, and Lawrence J. White, "The Diffusion of Financial Innovations: An Examination of the Adoption of Small Business Credit Scoring by Large Banking Organizations," *Journal of Business* 78, no. 2 (2005): 577-596.

［54］John Lanchester, "Outsmarted: High Finance vs. Human Nature," *The New Yorker* (1 June 2009). Available at www. newyorker. com/arts/critics/books/2009/06/01/090601crbo _ books _ lanchester.

［55］International Swaps and Derivatives Association (ISDA), Market Survey (2007).

［56］Lex column, "AIG's Billions," *Financial Times* (FT. com) (16 March 2009). Available at www. ft. com/cms/s/2/a2b7095a-1237-11de-b816-0000779fd2ac. html.

［57］ISDA Market Survey (2009).

［58］Colin Barr, "The Truth about Credit Default Swaps," *CNN/Fortune* (16 March 2009). Available at http: //money. cnn. com/2009/03/16/markets/cds. bear. fortune/index. htm; accessed November 10, 2009.

［59］Michael Milken, "The Corporate Financing Cube," *Milken Institute Review* (Fourth Quarter 2002）.

第四章

［1］Joyce Appleby, *Liberalism and Republicanism in the Historical Imagination* (Cambridge, MA: Harvard University Press, 1992).

［2］Richard Rosenfield, *American Aurora: A Democracy-Republic Return* (New York: St. Martin's Press, 1997).

［3］Jim Duffy, "What Is a Mortgage, and Why Does It Matter?," FHA Mortgage Blog (16 September 2009). Available at www.myfhamortgageblog.com/2009/09/what-is-amortgage-and-why-does-it-matter/; accessed September 28, 2009.

［4］Quoted in Eric Foner, *Free Soil, Free Labor, Free Men: The Ideology of the Republican Party before the Civil War* (New York: Oxford University Press, 1970). See also Foner, *Politics and Ideology in the Age of the Civil War* (New York: Oxford University Press, 1980).

［5］James R. Barth, Susanne Trimbath, and Glenn Yago, *The Savings and Loan* Crisis (Norwell, MA: Kluwer Academic Publishers, 2004).

［6］Margaret Garb, *City of American Dreams: A History of Home Ownership and Housing Reform in Chicago*, 1871-1919 (Chicago: University of Chicago Press, 2005).

［7］Felice Bonadio, *A. P. Giannini* (Berkeley: University of California Press, 1994).

［8］Marc A. Weiss, "Marketing and Financing Home Ownership: Mortgage Lending and Public Policy in the United States, 1918-1989," in *Business and Economic History* 2, no. 18 (1989): 109-118. See also William W. Bartlett, *Mortgage-Backed Securities: Products, Analysis, Trading* (New Jersey: Prentice-Hall, 1989).

［9］Ben. S. Bernanke, *Housing, Housing Finance and Monetary Policy*, speech delivered at the Federal Reserve Bank of Kansas City's Economic Symposium, Jackson Hole, Wyoming (21 August 2007). Text available at www.federalreserve.gov/newsevents/speech/bernanke20070831a.htm.

［10］William S. Haraf and Rose-Marie Kushmeider (eds.), *Restructuring Banking and Financial Services in America* (Washington: American Enterprise Institute Publishing, 1988).

［11］Congressional Budget Office, "The Housing Finance System and Federal Policy: Recent Changes and Options for the Future" (October 1983): ix.

［12］Richard K. Green and Susan M. Wachter, "The Housing Finance Revolution," paper presented at the Federal Reserve Bank of Kansas City's 31st Economic Policy Symposium: Housing, Housing Finance and Monetary Policy, Jackson Hole, Wyoming (31 August 2007).

［13］Barth, Trimbath, and Yago, *The Savings and Loan Crisis* (Norwell, MA: Kluwer Academic Publishers, 2004).

［14］Andreas Lehnert, Wayne Passmore, and Shane Sherlund, "GSEs, Mortgage Rates, and Secondary Market Activities," *Journal of Real Estate Finance and Economics* 36, no. 3 (April

2008）：343-363.

［15］Eric S. Belsky, Karl E. Case, and Susan J. Smith, "Identifying, Managing, and Mitigating Risks to Borrowers in Changing Mortgage and Consumer Credit Markets," Joint Center for Housing Studies, Harvard University (2008).

［16］Mark S. Doms and John Krainer, "Innovations in Mortgage Markets and Increased Spending on Housing," (working paper no. 2007-05, Federal Reserve Bank of San Francisco, 2007)：4-5.

［17］Heitor Almeida, Murillo Campello, and Crocker Liu, "The Financial Accelerator: Evidence from International Housing Markets," *Review of Finance* 10, no. 3 (2006)：321-352. See also Paul Bennett, Richard Peach, and Stavros Persitiiani, "Structural Changes in the Mortgage Market and the Propensity to Refinance," Federal Reserve Staff Report no. 45 (September 1998).

［18］本部分的研究与分析基于 James R. Barth, Tong Li, Wenling Lu, Triphon Phumiwasana, and Glenn Yago, *The Rise and Fall of the U. S. Mortgage and Credit Markets: A Comprehensive Analysis of the Market Meltdown* (New Jersey: John Wiley & Sons, 2009)。

［19］Wholesale Access and Milken Institute data, as cited in Barth, et al., *The Rise and Fall of theU. S. Mortgage and Credit Markets: A Comprehensive Analysis of the Meltdown.*

［20］同上。

［21］同上。

［22］Paul Krugman, "That Hissing Sound," *New York Times* (8 August 2005).

［23］"In Come the Waves," *The Economist* (16 June 2005).

［24］Jenny Anderson, "Wall Street Winners Get Billion-Dollar Paydays," *New York Times* (16 April 2008).

［25］Freddie Mac data, as cited in as cited in Barth, et al., *The Rise and Fall of the U. S. Mortgage and Credit Markets.*

［26］同上。

［27］David Greenlaw, Jan Hatzius, Anil K. Kashyap, and Hyun Song Shin, "Leveraged Losses: Lessons from the Mortgage Market Meltdown," U. S. Monetary Policy Forum Report no. 2 (2008).

［28］Betsy Zeidman, James Barth, and Glenn Yago, "Financial Innovations for Housing: Beyond the Crisis," Milken Institute Financial Innovations Lab Report (November 2009).

［29］本部分内容源自 Zeidman, Barth, and Yago, "Financial Innovations for Housing: Beyond the Crisis"。

［30］PIMCO, "Bond Basics: Covered Bonds." Accessible at http: //europe. pimco. com/LeftNav/Bond＋Basics/2006/Covered＋Bond＋Basics. htm.

［31］Alan Boyce, "Can Elements of the Danish Mortgage System Fix Mortgage Securitization in the United States?" Presentation at the American Enterprise Institute, Washington, DC (26 March 2009).

［32］ "A Slice of Danish: An Ancient Scandinavian Model May Help Modern Mortgage Markets," *The Economist* (30 December 2008).

［33］ National Community Land Trust Network, "Overview." Accessible at www. cltnetwork. org/index. php? fuseaction=Blog. dspBlogPost&postID=27.

［34］ John Emmeus Davis, "Shared Equity Homeownership: The Changing Landscape of Resale-Restricted, Owner-Occupied Housing," National Housing Institute (2006).

［35］ Don T. Johnson and Larry B. Cowart, "Public Sector Land Banking: A Decision Model for Local Governments," *Public Budgeting and Finance* 17, no. 4 (1995): 3-6.

［36］ John Emmeus Davis, "Shared Equity Homeownership: The Changing Landscape of Resale-Restricted, Owner Occupied Housing," National Housing Institute (2006).

［37］ Andrew Caplin, Noel B. Cunningham, Mitchell Engler, and Frederick Pollock, "Facilitating Shared Appreciation Mortgages to Prevent Housing Crashes and Affordability Crisis," The Brookings Institution (2008).

［38］ John O'Brien, "Revolutionary Help for Homeowners," *Christian Science Monitor* (26 November 2008).

［39］ Nigel G. Griswold and Patricia E. Norris, "Economic Impacts of Residential Property Abandonment and the Genesee County Land Bank in Flint, Michigan," MSU Land Policy Institute Report 2007-05 (April 2007).

［40］ Daniel Taub, "Fewer U. S. Homeowners Owe More Than Properties Are Worth," Bloomberg (9 November 2009).

第五章

［1］ Robert Costanza, et al., "The Value of the World's Ecosystem Services and Natural Capital," *Nature* 387 (1997): 253-260. See also Gretchen Daily and Katherine Ellison, *The New Economy of Nature: The Quest to Make Conservation Profitable* (Washington, DC: Island Press, 2002).

［2］ Juliet Eilperin, "25% of Wild Mammal Species Face Extinction," *Washington Post* (7 October 2008).

［3］ Anil Markandya, et al., "The Economics of Ecosystems and Biodiversity: Phase 1 (Scoping) Economic Analysis and Synthesis," final report for the European Commission, Venice, Italy (July 2008).

［4］ Robert Stavins, "The Making of a Conventional Wisdom," Belfer Center for Science and International Affairs, John F. Kennedy School of Government, Harvard University (13 April 2009). Available at http: //belfercenter. ksg. harvard. edu/analysis/ stavins/? tag=leaded-gasoline-phasedown.

［5］ Garrett Hardin, "The Tragedy of the Commons," *Science* 162, no. 3859 (1968): 1, 243-1, 248.

［6］Garrett Hardin, in *The Concise Encyclopedia of Economics*, 2nd ed. (Indianapolis: Liberty Fund, 2008).

［7］Nathaniel Keohane and Sheila Olmstead, *Markets and the Environment* (Washington, DC: Island Press, 2007).

［8］Ronald Coase, "The Problem of Social Cost," *Journal of Law and Economics* 3 (1960): 1-44.

［9］"Facts and Figures" summary from "Water in a Changing World," United Nations World Water Development Report 3 (UNESCO, 2009): 8.

［10］Anil Markandya, et al., "The Economics of Ecosystems and Biodiversity: Phase 1 (Scoping) Economic Analysis and Synthesis," final report for the European Commission, Venice, Italy (July 2008).

［11］Ricardo Bayon, "A Bull Market in Woodpeckers?" *The Milken Institute Review* (first quarter 2002): 30-39.

［12］Ricardo Bayon, "Innovating Environmental Finance," Milken Institute policy brief no. 25 (March 2001).

［13］Environmental Protection Agency (EPA), "SRF: Initial Guidance for State Revolving Funds" (1988): 104.

［14］EPA, "Guidebook of Financial Tools: Paying for Sustainable Environmental Systems" (2008). Available at www. epa. gov/efinpage.

［15］EPA, "Clean Water State Revolving Fund Programs," 2008 Annual Report: Cleaning Our Waters, Renewing Our Communities, Creating Jobs (2008): 2. Available at www. epa. gov/OWM/cwfinance/cwsrf/.

［16］EPA, "Financing America's Clean Water Since 1987: A Report of Progress and Innovation" (1987): 7-8. Available at www. epa. gov/OWM/cwfinance/cwsrf/.

［17］EPA, "Clean Water State Revolving Fund Programs, 2008 Annual Report: Cleaning Our Waters, Renewing Our Communities, Creating Jobs (2008): 18.

［18］Presentation by Steve Townley, Finance Officer of the Missouri Environmental Improvement and Energy Resources Authority, at a Milken Institute Financial Innovations Lab held 5 November 2008 in Israel.

［19］EPA, "Drinking Water State Revolving Fund 2007 Annual Report: Investing in a Sustainable Future" (March 2008): 3. Available at www. epa. gov/safewater/dwsrf/ index. html#reports.

［20］EPA fact sheet, "Using the Clean Water State Revolving Fund" (2002). Available at www. epa. gov/owow/wetlands/facts/contents. html.

［21］EPA, "Long Island Facts, Figures, & Maps." Available at www. epa. gov/NE/eco/lis/facts. html.

［22］ Audubon Society, Long Island Sound Campaign, "Lifeline to an Estuary in Distress" (DATE).

［23］ EPA fact sheet, "Using the Clean Water State Revolving Fund" (2002). Available at www. epa. gov/owow/wetlands/facts/contents. html.

［24］ Jeffrey Q. Chambers, Niro Higuchi, Edgard S. Tribuzy, and Susan E. Trumbore, "Carbon Sink for a Century," *Nature* 410, no. 6827 (March 2001): 429.

［25］ Thomas A. Sancton, Barry Hillenbrand, and Richard Hornik, "Hands Across the Sea," Time (2 January 1989). Available at www. time. com/time/magazine/article/ 0, 9171, 956635—2, 00. html.

［26］ Conservation International, www. conservation. org/sites/gcf/Documents/GCF _ debtfor-nature _ overview. pdf.

［27］ USAID, www. usaid. gov/our _ work/environment/forestry/intro _ eai. html.

［28］ Environmental Foundation of Jamaica, www. efj. org. jm/Current _ Projects/current _ pro-jects. htm.

［29］ USAID, www. usaid. gov/our _ work/environment/forestry/tfca. html.

［30］ Marc Lacey, "Costa Rica: U. S. Swaps Debt for Forest Aid," New York Times (17 October 2007).

［31］ The Nature Conservancy, www. nature. org/wherewework/centralamerica/costarica/ misc/ art22576. html.

［32］ "Biggest U. S. Debt Swap for Nature Will Conserve Guatemala's Forests," USAID press re-lease (2 October 2006).

［33］ "Largest TFCA Debt-for-Nature Agreement Signed to Conserve Indonesia's Tropical For-ests," U. S. State Department press release (30 June 2009).

［34］ "U. S. to Forgive $ 30 Million Debt to Protect Sumatra's Forests," Conservation Interna-tional press release (30 June 2009).

［35］ Joel Kurtzman, "The Low-Carbon Diet: How the Market Can Curb Climate Change," *For-eign Affairs* (September-October 2009): 114-122.

［36］ 同上。

［37］ EPA, Overview: The Clean Air Act Amendments of 1990, Title IV: Acid Deposition Con-trol. Available at www. epa. gov/air/caa/caaa _ overview. html＃titleIV.

［38］ Richard L. Sandor and Jerry Skees, "Creating a Market for Carbon Emissions: Opportuni-ties for U. S. Farmers," *Choices, Magazine of the American Agricultural Economics Association* (first quarter 1999): 13.

［39］ Keohane and Olmstead, Markets and the Environment, *Markets and the Environment* (Washington, DC: Island Press, 2007).

［40］Richard L. Sandor and Michael J. Walsh, "Some Observations on the Evolution of the International Greenhouse Gas Emissions Trading Market," in *Emissions Trading: Environmental Policy's New Approach*, Richard Kosobud, ed. (New York: John Wiley & Sons, 2000).

［41］Curtis Carlson, Dallas Burtraw, Maureen Cropper, and Karen Palmer, "Sulfur Dioxide Control by Electric Utilities: What Are the Gains from Trade?" (discussion paper no. 98-44-REV, Resources for the Future, 2000): 4.

［42］EPA, Clean Air Markets, Emissions, Compliance, and Market Data, www. epa. gov/ airmarkets/progress/ARP_1. html.

［43］同上。

［44］Carlson, et al., "Sulfur Dioxide Control by Electric Utilities: What Are the Gains from Trade?" (discussion paper no. 98-44-REV, Resources for the Future, 2000): 4.

［45］EPA, www. epa. gov/acidrain/effects/health. html.

［46］Nicholas Stern, *The Economics of Climate Change: The Stern Review* (Cambridge, UK, and New York: Cambridge University Press, 2007).

［47］Robert N. Stavins, "A U. S. Cap-and-Trade System to Address Global Climate Change," (discussion paper no. 2007-13, The Brookings Institution, October 2007).

［48］Kurtzman, "The Low-Carbon Diet: How the Market Can Curb Climate Change," *Foreign Affairs* (September-October 2009).

［49］Chicago Climate Exchange, Overview, www. chicagoclimatex. com/content. jsf? id=821.

［50］Simon Lomax, "CFTC Plans to Regulate Chicago Climate Exchange, Gensler Says," Bloomberg (27 August 2009).

［51］A. Denny Ellerman and Paul L. Joskow, *The European Union's Emissions Trading System in Perspective*, Pew Center for Global Climate Change (May 2008).

［52］同上。

［53］Michael J. Walsh, "Maximizing Financial Support for Biodiversity in the Emerging Kyoto Protocol Markets," *The Science of the Total Environment* 240, nos. 1-3 (1999): 145-156.

［54］Available at http: //cdm. unfccc. int/index. html.

［55］"The State of the World's Fisheries and Aquaculture 2008," United Nations Food and Agriculture Organization.

［56］Boris Worm, et al., "Impacts of Biodiversity Loss on Ocean Ecosystem Services," Science 314, no. 5800 (2006): 787-790.

［57］Boris Worm, et al., "Rebuilding Global Fisheries," *Science* 325, no. 5940 (2009): 578-585.

［58］Alison Winter, "Obama Administration Proposes Major Spending for Fishery Cap-and-Trade Plan," *New York Times*, 11 May 2009.

［59］Christopher Costello, Steven D. Gaines, and John Lynham, "Can Catch Shares Prevent Fisheries Collapse?," *Science* 321, no. 5896 (2008): 1678-1681.

［60］"Sustaining America's Fisheries and Fishing Communities: An Evaluation of Incentive-Based Management," Environmental Defense Fund (2007): 4, 18.

［61］James Sanchirico and Richard Newell, "Catching Market Efficiencies: Quota-Based Fisheries Management," Resources for the Future (Spring 2003); Boris Worm, et al. , "Rebuilding Global Fisheries," *Science* 325, no. 5940 (2009): 578-585; and Richard Newell, James Sanchirico, and Suzi Kerr, "Fishing Quota Markets," Resources for the Future (discussion paper 02-20, August 2002) .

［62］United Nations Millennium Ecosystem Assessment, Findings (2005) . Available at www. millenniumassessment. org/en/SlidePresentations. aspx.

［63］Ricardo Bayon, "Using Markets to Conserve Biodiversity," *State of the World 2008*, Worldwatch Institute.

［64］同上。See also Bayon, "A Bull Market in Woodpeckers?" *The Milken Institute Review* (First quarter 2002) . 30-39.

［65］"Biodiversity and Ecosystem Services: Bloom or Bust?" United Nations Environment Program Finance Initiative (March 2008): 7.

第六章

［1］Shaohua Chen and MartinRavallion, "The Developing World Is Poorer Than We Thought, but No Less Successful in the Fight Against Poverty," World Bank Development Research Group (August 2008) .

［2］International Monetary Fund, World Economic Outlook database.

［3］World Bank press release, "World Bank Updates Poverty Estimates for the Developing World" (28 August 2008) . Available at http: //web. worldbank. org/WBSITE/ EXTERNAL/ NEWS/0,, contentMDK: 21882162 ~ menuPK: 51062075 ~ pagePK: 34370 ~ piPK: 34424 ~ theSitePK: 4607, 00. html.

［4］United Nations, press release, "Sub-Saharan Africa's ProgressTowards Anti-Poverty Goals Is Encouraging, But Needs to Be Accelerated to Meet 2015 Targets," September 12, 2008.

［5］Gary S. Becker, *Human Capital: A Theoretical and Empirical Analysis, with Special Reference to Education* (Chicago: University of Chicago Press, 1994) .

［6］"The Growth Report: Strategies for Sustained Growth and Inclusive Development," Commission on Growth and Development (2008): 1.

［7］OECD, quoted in "Foreign Aid in the National Interest: Promoting Freedom, Security, and Opportunity," USAID (2002): 133. Available at www. usaid. gov/fani/index. htm.

［8］Antoine vanAgtmael, *The Emerging Markets Century: How a New Breed of World-Class Companies Is Overtaking the World* (New York: Free Press, 2007) .

［9］ "Dizzy in Boomtown," *The Economist* (15 November 2007).

［10］ VictoriaPapandrea, "Emerging Markets Set to Dominate Global GDP," *Investor Daily* (22 October 2009).

［11］ ShantayananDevarajan, Margaret J. Miller, and Eric V. Swanson, "Goals for Development: History, Prospects, and Costs," (working paper no. WPS 2819, World Bank, 2002).

［12］ United Nations, MDG Gap Task Force Report 2009, "Strengthening the Global Partnership for Development in a Time of Crisis": ix.

［13］ Geoff Dyer, "Global Insight: Springing China'sForex Trap," *Financial Times* (19 October 2009).

［14］ DambisaMoyo, *Dead Aid: Why Aid Is Not Working and How There Is a Better Way for Africa* (New York: Farrar, Straus, and Giroux, 2009). See also Chris Lane and Amanda Glassman, "Smooth and Predictable Aid for Health: A Role for Innovative Financing?" (working paper no. 1, Brookings Global Health Financing Initiative, 2008). 关于传统援助模型有效性的讨论参见 Nicholas Kristof, "How Can We Help the World's Poor?" *New York Times* (22 November 2009).

［15］ Steve Beck and Tim Ogden, "Beware of Bad Microcredit," *Harvard Business Review*online (September 2007). Available at http://hbr.harvardbusiness.org/2007/09/beware-of-bad-microcredit/ar/1.

［16］ Robert G. King and Ross Levine, "Finance and Growth: Schumpeter Might Be Right," *Quarterly Journal of Economics* 108, no. 3 (1993): 717-737.

［17］ James R. Barth, D. E. Nolle, Hilton L. Root, and Glenn Yago, "Choosing the Right Financial System for Growth," *Journal of Applied Corporate Finance*, 13, no. 4 (2001): 116-123. See also James R. Barth, GerardCaprio Jr., and Ross Levine, *Rethinking Bank Regulation: Till Angels Govern* (Cambridge, MA: Cambridge University Press, 2005).

［18］ Hernandode Soto, *The Mystery of Capital: Why Capitalism Succeeds in the West and Fails Everywhere Else* (New York: Basic Books, 2000); and D. C. North, *Institutions, Institutional Change, and Economic Performance* (Cambridge, MA: Cambridge University Press, 1990).

［19］ Financial Access Initiative, "Half the World Is Unbanked" (October 2009). Available at http://financialaccess.org.

［20］ United Nations, "The Millennium Development Goals Report 2009": 51-52.

［21］ NancyGohring, IDG News Service, "Google and Grameen Launch Mobile Services for the Poor," *PC World* (29 June 2009).

［22］ Sara Corbett, "Can theCellphone Help End Global Poverty?" *New York Times* (13 April 2008).

［23］ Sarah McGregor, "Alliance on Banking Services for the Poor Starts First Meeting," Bloomberg (14 September 2009).

[24] TorstenWezel，"Does Co-Financing by Multilateral Development Banks Increase 'Risky' Direct Investment in Emerging Markets?" Discussion Paper Series I：Economic Studies，Deutsche-Bundesbank Research Centre（2004）.

[25] David de Ferranti and Anthony J. Ody，"Beyond Microfinance：Getting Capital to Small and Medium Enterprises to Fuel Faster Development，" Policy Brief no. 159，Brookings Institution（2007）.

[26] AsliDemirguc-Kunt and Ross Levine，"Finance and Inequality：Theory and Evidence，" *Annual Review of Financial Economics* 1（2009）：15.

[27] TimothyBesley and Robin Burgess，"Halving Global Poverty，" *Journal of Economic Perspectives*，American Economic Association 17，no. 3（2003）：15.

[28] Grameen Bank website，"At a Glance，" www. grameen-info. org/index. php? option＝com _ content&task＝view&id＝26&Itemid＝175.

[29] Milken Institute Global Conference 2008 panel summary，"Business Innovations That Are Changing the World. " Available at www. milkeninstitute. org/events/gcprogram. taf? function＝detail&eventid＝GC08&EvID＝1395.

[30] ElisabethRhyne and Maria Otero，"Microfinance Through the Next Decade：Visioning the Who, What, Where, When and How，" Global Microcredit Summit（2006）.

[31] Estimates from Microfinance Information Exchange and the Microcredit Summit Campaign.

[32] RajdeepSungupta and Craig P. Aubuchon，"The Microfinance Revolution：An Overview，" *Federal Reserve Bank of St. Louis Review* 90，no. 1（January/February 2008）：9-30.

[33] "Yunus BlastsCompartamos，" *BusinessWeek* Online Extra（13 December 2007）. Available at www. businessweek. com/magazine/content/07 _ 52/b4064045920958. htm.

[34] "The Greatest Entrepreneurs of All Time，" *BusinessWeek*（27 June 2007）.

[35] Milken Institute Forum，Creating a World Without Poverty（January 16, 2008）. Available at www. milkeninstitute. org/events/events. taf? function＝detail&ID＝219& cat＝Forums.

[36] Veolia press release. Available at www. veoliawater. com/press/press-releases/press-2008/20080331, grameen. htm.

[37] Clinton Global Initiative press release（23 September 2009）.

[38] "Adidas to Make 1&euro；Trainers，" *Daily Telegraph*（16 November 2009）.

[39] International Monetary Fund，www. imf. org/external/np/exr/cs/news/2009/021009. htm.

[40] MeghanaAyyagari，Thorsten Beck，and Asli Demirguch-Kunt，"Small and Medium Enterprises Across the Globe：A New Database"（working paper no. 3217，World Bank，August 2003）.

[41] "Finance for All? Policies and Pitfalls in Expanding Access，" World Bank Policy Research Report（2008）.

[42] Thorsten Beck，Asli Demirguc-Kunt，and Vojislav Maksimovic，"Financial and Legal Constraints to Growth：Does Firm Size Matter?" *Journal of Finance*（2005）：133-177.

［43］此处内容借鉴 Jill Scherer, BetsyZeidman, and Glenn Yago, "Structuring Scalable Risk Capital for Small and Medium-Sized Enterprises in Emerging Markets," Financial Innovations Lab Report, Milken Institute (August 2009)。

［44］Acumen Fund, "About Us," www. acumenfund. org/about-us. html. See also Nicholas Kristof, "How Can We Help the World's Poor? *New York Times* (22 November 2009).

［45］Root Capital, "What We Do," www. rootcapital. org/what _ we _ do. php.

［46］"A Place in Society," *The Economist* (25 September 2009).

［47］Monitor Institute, "Investing for Social & Environmental Impact: A Design for Catalyzing an Emerging Industry" (2009).

［48］AntonyBugg-Levine and John Goldstein, "Impact Investing: Harnessing Capital Markets to Solve Problems at Scale," Federal Reserve Bank of San Francisco, *Community Development Investment Review*5, no. 2 (2009): 30-41.

［49］Krishnan Sharma and Manuel Montes, "Strengthening the Business Sector in Developing Countries: The Potential of Diasporas" (United Nations working paper, 2008); Krishnan Sharma, "The Impact of Remittances on Economic Security" (working paper no. 78, Department of Economic and Social Affairs, July 2009).

［50］GlennYago, Daniela Roveda, and Jonathan White, "Transatlantic Innovations in Affordable Capital for Small-and Medium-Sized Enterprises: Prospect for Market-Based Development Finance," German Marshall Fund/Milken Institute (2007).

［51］Small Enterprise Assistance Funds, "From Poverty to Prosperity: Understanding the Impact of Investing in Small and Medium Enterprises" (2007).

［52］Commission on Growth and Development, "The Growth Report" (2008): 5.

［53］Alan Wheatley, "Asia Could Benefit from Cooperating on Infrastructure," *New York Times* (24 November 2009). See also "Study on Intraregional Trade and Investment in South Asia," Asian Development Bank (2009).

［54］Simon Elegant and AustinRamzy, "China's New Deal: Modernizing the Middle Kingdom," *Time* (1 June 2009).

［55］Steve Hamm andNandini Lakshman, "The Trouble with India: Crumbling Roads, Jammed Airports, and Power Blackouts Could Hobble Growth," *BusinessWeek* (19 March 2007).

［56］"Africa's Infrastructure: A Time for Transformation," Africa Infrastructure Country Diagnostic (AICD), World Bank (2009).

［57］Vivien Foster, William Butterfield, Chuan Chen, and Nataliya Pushak, "Building Bridges: China's Growing Role as Infrastructure Financier for Sub-Saharan Africa," World Bank/Public-Private Infrastructure Advisory Facility (July 2008).

［58］World Bank press release, "World Bank Group Boosts Support for Developing Countries"

(11 November 2008). Available at http: //web. worldbank. org/WBSITE/EXTERNAL/NEWS/0,,
contentMDK：21973077~pagePK：64257043~piPK：437376 ~theSitePK：4607, 00. html.

　　[59] NachiketMor and Sanjeev Sehrawat, "Sources of Infrastructure Finance," Centre for Devel-
opment Finance, working paper series, Institute for Financial Management and Research, India (Octo-
ber 2006).

　　[60] World Bank press release, "First World Bank Green Bonds Launched" (5 January 2009).
Available at http: //web. worldbank. org/WBSITE/EXTERNAL/NEWS/0,, contentMDK：22024
264~pagePK：64257043~piPK：437376~theSitePK：4607, 00. html.

　　[61] Food and Agriculture Organization of the United Nations, "More People Than Ever Are
Victims of Hunger" (June 2009).

　　[62] UNICEF, "Tracking Progress on Child and Maternal Nutrition" (2009).

　　[63] Food and Agriculture Organization of the United Nations, "The State of Food Insecurity in
the World 2004. "

　　[64] This discussion is drawn from Jill Scherer, BetsyZeidman, and Glenn Yago, "Feeding the
World's Hungry: Fostering an Efficient and Responsive Food Access Pipeline," Financial Innovations
Lab Report, Milken Institute (October 2009).

　　[65] OwenBarder and Ethan Yeh, "The Costs and Benefits of Front-Loading and Predictability of
Immunization," Center for Global Development (January 2006).

　　[66] Larry Hays, Standard &. Poor's Ratings Direct report, "International Finance Facility for
Immunisation" (9 July 2009).

　　[67] See Franklin Allen, JunQian, and Meijun Qian, "Law, Finance, and Economic Growth in
China," *Journal of Financial Economics* 77, (2003)：57-116; and Franklin Allen, JunQian, Meijun
Qian, and Mengxin Zhao, "A Review of China's Financial System and Initiatives for the Future," in
James R. Barth, John A. Tatom, and Glenn Yago (eds.), *China's Emerging Financial Markets:
Challenges and Opportunities* (New York: Springer, 2009).

　　[68] Franklin Allen, RajeshChakrabarti, Sankar De, Jun Qian, and Meijun Qian, "Financing
Firms in India" (working paper, Wharton Financial Institutions Center, 2008).

第七章

　　[1] Jeffrey S. Handen, *Industrialization of Drug Discovery* (Boca Raton, FL: CDC Press,
2005).

　　[2] Patrick O'Hagan and Charles Farkas, "Bringing Pharma R&D Back to Health," Bain &.
Company research report (2009): 1-2.

　　[3] Congressional Budget Office, "Pharmaceutical R&D and the Evolving Market for Prescription
Drugs," Economic and Budget Issue Brief (26 October 2009).

　　[4] "Billion Dollar Pills," *The Economist* 27 January 2007.

［5］ Standard & Poor's, "Industry Surveys: Healthcare: Pharmaceuticals" (June 2009): 15.

［6］ Deloitte Consulting LLP, "Reinventing Innovation in Large Pharma" (December 2008): 2. Available at www. deloitte. com/view/en _ US/us/Services/consulting/article/fbec1ec6f6001210VgnVCM 100000ba42f00aRCRD.

［7］ 这一章关注了米尔肯金融创新中心就加速医疗解决方案完成的多篇报告。详细的报告可以从以下网址下载: www. milkeninstitute. org。我们也感谢另外的研究组织, 它们的网址为: www. fastercures. org。

［8］ U. S. Government Accountability Office, "New Drug Development: Science, Business, Regulatory, and Intellectual Property Issues Cited as Hampering Drug Development Efforts," Report to Congress (November 2006) .

［9］ American Association for the Advancement of Science Budget and Policy Programs, www. scienceprogress. org/2009. 02/nih-funding-to-states.

［10］ Pharmaceutical Research and Manufacturers of America (PhRMA), *Pharmaceutical Industry Profile* 2009. Available at www. phrma. org/publications/.

［11］ J. Vernon, J. Golec, and J. DiMasi, "Drug Development Costs When Financial Risk Is Measured Using the Fama-French Three Factor Model," unpublished working paper (January 2008), cited in PhRMA's *Pharmaceutical Industry Profile* 2009.

［12］ Standard & Poor's, "Industry Surveys: Healthcare: Pharmaceuticals" (June 2009): 21.

［13］ A. Jena, J. Calfee, D. Goldman, E. Mansley, and T. Philipson, "Me-Too Innovation in Pharmaceutical Markets," forthcoming, Forums for Health Economics and Policy. See also Tomas Philipson, "The Regulation of Medical Innovation and Pharmaceutical Markets," *Journal of Law and Economics* 45, no. S2 (October 2002): 583-586.

［14］ Joseph A. DiMasi, Ronald W. Hansen, and Henry G. Grabowski, "The Price of Innovation: New Estimates of Drug Development Costs," *Journal of Health Economics* 22 (2003): 151-185.

［15］ Gary P. Pisano, *Science Business: The Promise, the Reality, and the Future of Biotech* (Cambridge, MA: Harvard Business School Press, 2006) .

［16］ Thomas H. Lee, "Me-Too Products: Friend or Foe?" *New England Journal of Medicine* 350, no. 3 (2004): 211-212.

［17］ FDA, Summary of NDA Approvals & Receipts, 1938 to the Present, www. fda. gov/AboutFDA/WhatWeDo/History/ProductRegulation/SummaryofNDAApprovals Receipts1938tothepresent/default. htm.

［18］ FDA, NME Drug and Biologic Approvals in 2006, www. fda. gov/Drugs/DevelopmentApprovalProcess/HowDrugsareDevelopedandApproved/DrugandBiologic ApprovalReports/NMEDrugand NewBiologicApprovals/ucm081673. htm.

［19］ IMS Annual U. S. Pharmaceutical Market Performance Review (12 March 2008) .

[20] Mark C. Fishman and Jeffrey A. Porter, "Pharmaceuticals: A New Grammar for Drug Discovery," *Nature* (22 September 2005): 491-493.

[21] Patrick Mullen, "Where VC Fears to Tread," *Biotechnology Healthcare* (29 October 2007): 29-35.

[22] Pricewaterhouse Coopers and National Venture Capital Association, MoneyTree Report (Q2 2009 U. S. Results): 2-3.

[23] "Big Pharma Invests Where VC Fears to Tread," *Boston Business Journal* (14 August 2009).

[24] Heidi Ledford, "In Search of a Viable Business Model," Nature Reports: Stem Cells, published by *Nature* online (30 October 2008). Available at www. nature. com/stemcells/2008/0810/081030/full/stemcells. 2008. 138. html.

[25] The PIPES Report, DealFlow Media, *PipeWire* (19 October 2009 and 2 November 2009).

[26] Adam Feuerstein, "Sanofi-Aventis to Buy Cancer Drug Firm BiPar," TheStreet. com (15 April 2009). Available at www. thestreet. com/story/10486199/sanofi-aventis-to-buy-cancer-drug-firm-bipar. html.

[27] Elizabeth Lopatto and Kanoko Matsuyama, "Takeda Agrees to Buy Rights to Amylin's Obesity Drugs," Bloomberg (2 November 2009).

[28] Glenn Yago, Martha Amram, and Teresa Magula, "Financial Innovations Lab Report: Accelerating Medical Solutions," Milken Institute (October 2006).

[29] Tufts Center for the Study of Drug Development, Outlook 2008: 6.

[30] G. Steven Burrill, *Biotech* 2009: *Life Sciences. Navigating the Sea Changes* (San Francisco: Burrill & Company LLC, 2009).

[31] 埃塞特生物控股公司在 2006 年更名为伽登特制药公司，随后被思威斯制药公司收购。该公司的高层参加了米尔肯金融创新研究中心。

[32] "Life Support for Life Science Innovation," *Nature Biotechnology* 25, no. 2 (2007): 144.

[33] Marty Tenenbaum and John Wilbanks, "Health Commons: Therapy Development in a Networked World," MIT (May 2008).

[34] Paul Schofeld, et al., "Post-Publication Sharing of Data and Tools," *Nature* 461 (10 September 2009): 171-73.

[35] Glenn Yago, Martha Amram, and Teresa Magula, "Financial Innovations for Accelerating Medical Solutions," Financial Innovations Lab Report, Milken Institute (October 2006).

[36] Frank Lichtenberg, "Pharmaceutical Innovation, Mortality Reduction, and Economic Growth," in *Measuring the Gains from Medical Research: An Economic Approach*, Kevin M. Murphy and Robert H. Topel, eds. (Chicago: University of Chicago Press, 2003).

[37] J. L. Gallup and J. D. Sachs, "Cause, Consequence, and Correlation: Assessing the Rela-

tionship between Malaria and Poverty," Commission on Macroeconomics and Health, World Health Organization (2001) . See also Gary S. Becker, T. J. Philipson, and R. R. Soares, "The Quantity and Quality of Life and the Evolution of World Inequality," *American Economic Review* 95, no. 1 (2005); 277-291; David N. Weil, "Accounting for the Effect of Health on Economic Growth," *Quarterly Journal of Economics* 122, no. 3 (August 2007); 1, 265-1, 306; and Daron Acemoglu and Simon Johnson, "Disease and Development; The Effect of Life Expectancy on Economic Growth," *Journal of Political Economy* 115, no. 6 (December 2007); 925-985.

[38] World Health Organization, Initiative for Vaccine Research, Selection of Diseases in IVR Portfolio. Available at www. who. int/vaccine _ research/diseases/ari/en/index4. html.

[39] N. R. Schwalbe, et al. , "Estimating the Market for Tuberculosis Drugs in Industrialized, and Developing Nations," *International Journal of Tuberculosis and Lung Disease* 12, no10 (2008); 1173-1181.

[40] TB Alliance, Mission &. History, www. tballiance. org/about/mission. php.

[41] TB Alliance, Donors, www. tballiance. org/about/donors. php.

[42] John Lauerman, "Bayer Drug May Cut Tuberculosis Cure Time by Months," Bloomberg (17 September 2007) .

[43] Economist Intelligence Unit, "World Pharma; TB Initiatives Bearing Fruit," Industry Brief (January 2009) . Available at www. tballiance. org/newscenter/viewinnews. php? id=830.

[44] "GSK Biologicals and IAVI Partner to Develop AIDS Vaccine," IAVI press release (21 June 2005) . Available at www. iavi. org/news-center/Pages/PressRelease. aspx? pubID=3044.

[45] Ben Russell, "Brown to Earmark £200 M a Year to Fund AIDS Vaccine," *The Independent* (1 December 2004) .

[46] "Britain Backs Anti-Malaria Fight," BBC Online (24 November 2004) . Available at http: //news. bbc. co. uk/2/hi/uk _ news/politics/4038377. stm.

[47] Elizabeth Rosenthal, "Wealthy Nations Announce Plans to Develop and Pay for Vaccines," *New York Times* (10 February 2007) .

[48] Ernst Berndt, Rachel Glennerster, Michael Kremer, Jean Lee, Ruth Levine, Georg Weizsäcker, and Heidi Williams, "Advanced Purchase Commitments for a Malaria Vaccine; Estimating Costs and Effectiveness," (working paper no. 11288, NBER, May 2005) .

[49] "Push and Pull; Should the G8 Promise to Buy Vaccines That Have Yet to Be Invented?" *The Economist* (23 March 2006) . More of Professor Farlow's critiques can be found at www. economics. ox. ac. uk/members/andrew. farlow.

[50] IFFIm, Offering Memorandum (9 November 2006) .

[51] IFFIm, "Results," www. iff-immunisation. org/immunisation _ results. html.

[52] One World Health; A New Model for the Pharmaceutical Industry, Case Western Reserve,

Weatherhead School of Management（19 January 2006）．

第八章

［1］Simon Johnson and James Kwak，"Finance：Before the Next Meltdown，" *Democracy：A Journal of Ideas*，no. 13（2009）：23-24.

［2］Richard J. Herring and Susan Wachter，"Real Estate Booms and Banking Busts：An International Perspective，" Wharton School Center for Financial Institutions，working paper no. 99-27（July 1999）．

［3］Rudiger Ahrend，Boris Courned，and Robert Price，"Monetary Policy，Market Excesses and Financial Turmoil，" OECD Economic Department working papers，no. 597（March 2008）．

［4］John B. Taylor，"The Financial Crisis and the Policy Responses：An Empirical Analysis of What Went Wrong，" NBER working paper no. 14631（January 2009）．

致　谢

我们为说明金融创新在解决社会、经济、环境领域长期存在的问题方面付出了很大的努力，如果说我们的努力取得了一点成绩，都应归功于我们同事的帮助。我们感激促成本书出版的人。

首先，我们要感谢米尔肯机构的编辑 Lisa Renaud 女士，她对本书付梓提供了一贯的支持。Lisa 鼓励我们一步步完成本书，我们深深感激她对本书作出的巨大贡献。没有她的帮助，这本书无法成功出版。

同样感谢宾大沃顿商学院和沃顿出版社的 Jerry Wind 教授和 Steve Kobrin 教授，他们一直鼓励这一项目，并就此项目与米尔肯机构持续合作，共同努力。我们要感激沃顿商学院的 Tina Horowitz 的诸多付出。也要感谢培生教育出版社的 Jim Boyd，感谢他的耐心和给予我们出版新书的机会。

米尔肯机构为本书的出版付出了让人难以置信的努力。该机构的总裁 Mike Klowden 和董事 Skip Rimer 从一开始本书还仅是一个想法的时候就积极支持。我们感激他们提供的诸多资源，编辑们的辛勤编辑、研究和写作。Karen Giles 也应得到我们的感谢，她与我们一起从混沌走向有序，针对我们的需求列出了写作和研究的时间计划。她非常慷慨，且有耐心。Patricia Reiter 是主要的研究分析员，提供了目录检索和研究支持。她很努力，我们非常感激。Lisa Montessi 一直以来给我们提供金融创新和市场方面的特别资讯。她的文档归集和有序记录形成了米尔肯机构关于金融创新的宝藏，为我们的研究提供了可能。Jorge Velasco 也提供了及时的研究帮助。特别感激我们金融创新实验室的经理 Caitlin Maclean，她努力取得的一些研究报告，为本书提供了重要的参考。

我们还要感谢米尔肯机构的其他一些同事和研究员，他们一直参与我们的全球资本市场和金融创新项目，如 Martha Amram、Penny Angkinand、James Barth、Komal Sri-Kumar、Joel Kurtzman、Tong Li、Wenling Lu、Peter Passell 等，尤其应该感谢 Betsy Zeidman。凭借自己的兴趣、洞察力和智慧，他们为本书出版作出了主要贡献。

我们也得益于前人取得的主要学术成就，他们包括 Merton Miller、Douglas Gale、Michael Jenson、Stewart Myers、Robert Merton、Robert J. shiller、Michael Spence、Elena Carletti、Engene Kandel、Naomi Lamoreaux、Ross Levine、Brodford Cornell、Myron Scholes、Steven Kaplan、Peter Tufano、Josh Lerner、Stuart Gilson、Jun Qian、Lawrence White。

近几年金融创新领域的许多先驱人物先后辞世，但是，他们留下的宝贵遗产一直塑造着世界，影响着我们对资本使用的想法。目前和未来的金融创新必将沿着前辈巨人们的路继续前行。这些前辈如：Georges Doriot 开创了风险资本；Louis Kelso 提倡工人资本主义；Martin Dubilier 研究了从危机管理到利用杠杆收购重组问题公司；George E. stoddard 为房地产交易设计了销售—售后回租以便为那些无法从传统资本渠道获得资金的公司融通资金；Walter Wriston 的创新从交易存单到 ATM 网络；Richard A. Musgrave 的成就在公共财政领域，他使得我们更合理地为社会需求配置资源；还有许多其他前辈，不一一提及。

与当前的实践家们的讨论也使得本书的内容变得更加丰富。在米尔肯机构，我们已经养成了一种评价主要金融创新的习惯，从而能够学到他们的经验和洞察力。他们包括 Lewis Ranieri、Richard Sardor、Muhammad Yunus、Alan Patricof、Sir Ronald Cohen、Jacqueline Novogratz、Mary Houghoon、Leo Melamed、Wayne Silby、Shari Berenbach、Sucharita Mukherjee、Chirs Larsen、Bert Van der Vaart。

最后，我们想感谢 Michael Milken，他是金融和其他社会领域改革的推动者，尤其在我们研究的领域。没有他的鼓励和支持，本书就不可能出版。他总是很睿智地说，最好的发明家是社会科学发明家，他们需要懂得如何促使人们实现他们的理想和梦想，如何最终促进经济的增长和繁荣。但是，既然并非所有的社会科学家都是好的发明家，我们感激他一如既往的支持和批评以及他在本领域的独立研究。他的成就激励着我们使得金融创新平民化，激励我们进一步探索与之相关的问题并找到将之付诸实践的途径。

我们也感激支持我们在米尔肯开展金融创新研究项目的其他组织，包括福特基金、比尔和梅林达盖茨基金、谷歌、德国马歇尔基金、派卡德基金、F.B. 荷融基金、科雷特基金、美国商业部、美国农业部、小企业发展组织，等等。

然而，在这个研究者的大家庭里，如果没有我们应该感激的信任、权益和契约，所有的帮助就不可能与我们相伴。

富兰克林·艾伦，宾夕法尼亚大学沃顿商学院

格伦·雅戈，米尔肯研究所

2012－2013 年获奖书目

《经济运行的逻辑》（精装本）

2014 年百道网中国好书榜财经类推荐。

资本市场最具影响力的宏观经济学家高善文研究思路大起底，中国经济的另类分析框架。

《互联网金融手册》

2014 年百道网中国好书榜、《新京报》书香榜、教育部"中国高校出版社书榜"推荐。

中国互联网金融理论奠基人谢平最新力作，互联网金融理论和实践集大成之作，互联网金融浪潮下不得不读之书。

《中国影子银行监管研究》

2014 年《第一财经日报》金融投资阅读榜推荐。

银监会副主席阎庆民最新力作，对"影子银行"问题最权威的研究之一，欲了解中国影子银行问题不得不读之书。

《如果巴西下雨，就买星巴克股票》

2014 年《第一财经日报》金融投资阅读榜推荐。

读懂财经新闻、把握股市逻辑的最佳读物，投资大师吉姆·罗杰斯倾力推荐。

《最有效的投资》

2014 年《第一财经日报》金融投资阅读榜推荐。

畅销多年的投资经典，简单有效的低风险投资技巧，每周一小时，战胜专业投资者。

《经济运行的逻辑》

荣登 2013 年新浪好书榜、《第一财经日报》金融阅读榜、《新京报》书香榜等推荐榜。

《正义的理念》

荣登 2012 年度《光明日报》好书榜、新浪网年度好书榜、凤凰好书榜、公民阅读榜等各大好书榜。

诺贝尔经济学奖获得者阿马蒂亚·森关于正义最重要的论述。

《大国兴衰》

荣登 2012 年度《第一财经日报》金融投资阅读榜、人民网好书榜。《天天新报》2012 年度图书排行榜经管类唯一入选。

国家博弈的深度解读，华尔街金融家揭示大国兴衰密码，启示中国转型路径。

《资本是个好东西》

荣获"2012 和讯华文财经图书大奖"年度财经图书奖。

中国老银行家对中国市场经济之路的回顾和展望。

商界精品阅读

01 《毁灭优秀公司的七宗罪》
作者：杰格迪什·N·谢斯

探寻优秀公司衰落的七大败因，菲利普·科特勒等管理大师鼎力推荐。

02 《反向思考战胜经济周期》
作者：彼得·纳瓦罗

第一本专注于经济周期战略和策略管理的指导书，加州大学最受欢迎的 MBA 教授用商战故事讲述不一样的商业思维。

新声精品阅读

01 《4G 革命》
作者：斯科特·斯奈德

一场比互联网影响可能更大的无线技术革命已经来临，提供最具价值的 4G 时代商业建议。

02 《页岩革命：新能源亿万富豪背后的惊人故事》
作者：格雷戈里·祖克曼

荣登《福布斯》好书榜，《华尔街日报》资深记者心血力作，书写新能源时代能源富豪跌宕起伏的创业传奇。

图书在版编目（CIP）数据

金融创新力/（美）艾伦，（美）雅戈著；牛红军译 . —北京：中国人民大学
出版社，2015.1

ISBN 978-7-300-20280-8

Ⅰ.①金… Ⅱ.①艾… ②雅… ③牛… Ⅲ.①金融创新-研究 Ⅳ.①F830

中国版本图书馆 CIP 数据核字（2014）第 259951 号

金融创新力

［美］富兰克林·艾伦（Franklin Allen）
　　　　　　　　　　　　　　　　　　　　　著
［美］格伦·雅戈（Glenn Yago）

牛红军　译

Jinrong Chuangxin Li

出版发行	中国人民大学出版社	
社　　址	北京中关村大街 31 号	**邮政编码**　100080
电　　话	010 - 62511242（总编室）	010 - 62511770（质管部）
	010 - 82501766（邮购部）	010 - 62514148（门市部）
	010 - 62515195（发行公司）	010 - 62515275（盗版举报）
网　　址	http://www.crup.com.cn	
	http://www.ttrnet.com（人大教研网）	
经　　销	新华书店	
印　　刷	北京联兴盛业印刷股份有限公司	
规　　格	170 mm×240 mm　16 开本	**版　　次**　2015 年 2 月第 1 版
印　　张	15.75 插页 3	**印　　次**　2016 年 1 月第 2 次印刷
字　　数	192 000	**定　　价**　58.00 元